# 朱子学新生面的开显

## ——林罗山理学思想研究

胡勇 著

山东大学出版社

山东省社会科学规划研究项目·儒家伦理观新生面之开显——和辻伦理学思想研究(批准号:13CZXJ05)

2012年度山东省博士后创新项目·日本现代社会思潮研究——基于哲学及伦理学视角之考证

# 目　录

# 引　言

日本与中国是一衣带水的邻邦，无论在文化上还是在思想上都有着割舍不断的渊源。对日本思想家的研究不仅可以直接了解日本哲学史的发展过程，还可以从一个外在的视角重新审视中国哲学。林罗山(1583～1657)作为日本江户前期最著名的朱子学派思想家和汉学家之一，在日本思想界和哲学界具有很高的地位。通过对林罗山思想的研究，可以更加清楚地了解朱子学对日本近世思想的深远影响及其对于整个东亚价值之确立所发挥的重要作用。

在探究罗山的理学思想及其对朱子思想的继承和发扬时，有必要首先了解中国的宋学在日本的传播及其时代背景。

## 一、宋学之传入及其时代背景

在司马迁的《史记·秦始皇本纪》中有秦始皇二十八年(前 219)徐福上书，请求入海求仙的记载。若以徐福东渡的传说为始，那么中日交流的历史就可以追溯到 2200 多年前了。另外，在朱谦之的《日本的朱子学》一书中有《日本儒学的起源》一节，其中有这样的叙述："相传汉字传入日本，是日本文字的起源，同时也是儒教经典传入日本的开始。”[①]具体说来，在“约当公历284年即西晋武帝太康五年、应神天皇十五年，百济使者阿直歧到了日本为皇子菟道稚郎子之师。翌十六年(285)百济博士王仁由于阿直歧的推荐，率冶工、酿酒人、吴服师赴日，并献《论语》十卷、《千字文》一卷，这就是汉字流入日本之始”[②]。

在悠久的中日交流史中，宋学的传入无疑是最为重要的事件之一。关于宋学入日的时间和路径问题众说纷纭，其中俊芿(1166～1227)说得到了多数学者的认同。宋学传入的路径大致可分为两条，一是日僧来宋，再就是宋僧渡日。据说最早把宋学传入日本的是后来皈依京都泉涌寺的日本僧人俊芿，时间在镰仓时代(约1185～1333)前期。建久十年(1199，即朱熹去世的前一年)，俊芿来到宋朝学习天台、禅和律，建历元年(1211)回到日本。他不仅带回了大量佛典，而且也带回了大量的儒家典籍，其中就包括了朱熹编著的《大学中庸章句》和《论孟集注》等著作，这些典籍的传入都为宋学在日本的传播提供了可能。

此后，日本禅僧、东福寺(京都五山之一)的开山祖师——圆尔辨圆(1202～1280)于1242年从宋国带回了许多儒家典籍和朱熹加注的诸多著作。据辨圆亲撰的《三教典籍目录》考证，其中就包括了张九成的《中庸说》，朱熹的《大学》《大学或问》《中庸或问》《集注孟子》，以及《论语精义》《论语直解》《孟子精义》《五先生语录》(五先生即周敦颐、程颢、程颐、张载、朱熹)等。这些典籍的传入极大地促进了日本五山文化的兴盛。辨圆还曾应诏给龟山天皇讲解“三教微旨”和“禅要”，为后嵯峨上皇及文武官员讲解《宗镜录》，为掘河源太师编写《三教要略》。同时，还给当时执权于幕府的北条时赖讲解南宋圭堂居士编纂的《大明录》。尽管《大明录》是一部论述禅宗修行和悟道的著作，但其中却引用了程子、朱子之

① 朱谦之：《日本的朱子学》，人民出版社2000年版，第3页。

② 朱谦之：《日本的朱子学》，第4页。

说，较为系统和详尽地论述了三教一致的思想。辨圆的努力使儒学在日本朝廷、武士界及禅宗界都受到了极大的重视。

在这个背景下，原为宁波天童寺住持的中国高僧兰溪道隆（1213～1278）于1246年从宁波出发，携众弟子东渡日本，并成为了日本镰仓五山之一的建长寺的开山始祖。兰溪在传授禅法时，常借用《四书》中的经典，通过说禅，将儒学思想融入其中，使得宋学的影响愈加深远。当被北川时赖问及为政之道时，兰溪作了如是答复：

> 政者正也，所以正文物也。文物不正则世不治。故古之圣贤先正文，而以治国矣。为正字一止也，是以不究一不能知正也。公要知为政之禅，请必究一去。一者万物之根本，诸学之本源也。公究之识得一，其应用无量，何言东土之政，可以治天地也。①

“政者，正也”一语出自《论语·颜渊》篇，由此可见兰溪在回答“为政”这一问题时对于儒家思想的认可和肯定。

1299年，学识渊博的元僧一山一宁（1247～1317）赴日，使日本的宋学研究开始普及。朱谦之先生在《日本的朱子学》一书中如是评价一山一宁：“宋学的研究，可以说是从一山开始，自此以后禅僧无不兼儒，蔚成禅学与儒学之一大合流，禅儒合一，参禅者几无不倾心宋学。”②一山将宋学由单纯的移入阶段引向了深入的解读和研究阶段，这使得宋学在日本获得了更加充沛的生命力。一山门下有很多学生，他们都在宋学方面颇有建树，其中一山的高第虎关师炼（1278～1346）最为著名。虎关因身处佛门，虽不能完全赞同程朱理学的观点，但也精于宋学，在他所著的《济北集》中就曾有多处对程朱的论述及对程朱思想的评论。

在当时日本的宋学研究中，“五山”的存在不可小视。早在镰仓时代晚期，北条贞时（1272～1311）就仿照中国南宋的宋宁宗，依据古印度五

---

① 朱谦之：《日本的朱子学·人字辨》，第42页。

② 朱谦之：《日本的朱子学》，第46页。

精舍十塔制，将五山制引入了日本。此后，所谓的“五山十刹”的具体寺院几经变化。直至室町时代(1336～1573)，足利义满(1358～1408)时的室町幕府才在至德三年(1386)正式明确了“五山十刹”的具体寺院。其中五山可分为镰仓五山和京都五山，镰仓五山是指建长寺、圆觉寺、寿福寺、净智寺和净妙寺；京都五山是指天龙寺、相国寺、建仁寺、东福寺和万寿寺，同时又将京都的南禅寺置于五山之上，来统领日本全国的众寺院。“十刹”中也有天下十刹、京都十刹以及关东十刹(或称“镰仓十刹”)之分，其指代的具体寺院在各个时期亦不尽相同。五山，尤其是京都五山不仅是当时禅宗的中心，而且逐渐成为当时的文化中心和宋学研究的中心。其中，由春屋妙葩(1311～1388，临济宗禅僧)主持开印出版的“五山版”中不仅有大量的禅书，还有诸如《论语》《论语集解》《大学章句》等很多儒家经典。这些经典以及五山禅僧中涌现出的宋学家，使得宋学在日本的知识阶层中的传播得到了进一步的展开。

从上述事实不难看出，宋学传入日本之初就与佛教紧密地结合在了一起。将儒家经典带入日本的是僧人，将宋学广泛传播开去的是僧人，对宋学开展研究的还是僧人。在这种背景下，宋学也就很自然地被染上了极为浓重的佛教色彩。此后，直至江户时代(1603～1867)，宋学才逐渐从禅宗中独立出来，并掀起了新一轮的宋学传播和研究的高潮。其中的朱子学进而成为日本的官学，成为当时日本文化中最为重要的内容之一。在这个朱子学独立和发展的过程中，藤原惺窝(1561～1615)及其门生林罗山等人功不可没(关于他们的介绍将在后章中详细展开，在此不再冗述)。

中日文化交流源远流长，历史悠久。在这样一个漫长的过程当中，宋学的传入，尤其是朱子学在日本的传播和发展具有里程碑式的意义。朱子学在江户时代的再次兴盛，除了日本朱子学家们的努力之外，更重要的原因是朱子学本身的特点与日本当时的政治需要相契合。另外，长期以来在日本占据主导位置的佛教，因其自身的原因显现出了诸多问题。因此，内外两方面的原因使得朱子学在江户时代迅速登上了官学的宝座。

首先，在德川家康建立德川幕府、开创江户时代之始，急需一种思想来维护他的统治。在诸多的思想及学说之中，朱子学顺利登上了官学的宝座。就这一问题，王金林在他的《程朱理学传入日本与林罗山的儒家神道观》一文中有这样的论述：

> 当时，虽然多种思想并存，除程朱理学外，尚有佛教思想、耶稣教思想、儒学的阳明学思想等，但是，因为佛教轻视现世，耶稣教提倡上帝面前人人平等，阳明学主张“心即理”，容易被改造为反对现存体制的思想，所以都不能适应幕府统治的需要，最为符合幕府统治需要的，莫过于朱子学。因为朱子学富有思辨性的精致理论形态，它论证了现世封建秩序的合理性。[①]

王金林的分析是清晰而透彻的。较之于佛教、耶稣教和儒学中的阳明学等学派，朱子学中所提倡的天理、人伦、纲常等观念对于当时的日本统治阶层来说的确具有极大的吸引力。王金林在其论文中进一步明确了朱子学为江户幕府所推崇的四点原因：

> 第一，朱子学既是继承了传统的学说，又是大胆创新的新的思想体系，与幕府统治者在政治体制上既继承武家政权与公家政权并存的基本结构，又欲超越公家权威，树立武家一统天下的思想是颇相吻合的。第二，朱子学的“理本体论”，以及“天惟一道，理无二致”，“君臣、上下、尊卑、大小各尽其分”的思想，有益于维护幕藩政治体制和现存的严格的身份等级制度。第三，日本朱子学者非常推崇“忠”、“孝”，而具体到“忠”、“孝”孰轻孰重时，则大多注重于“忠”。在两者发生矛盾时，提倡为臣者应择“忠”舍“孝”。这种思想符合幕府与武士之间建立的主从关系。第四，日本朱子学者主张的“有德

---

① 王金林：《程朱理学传入日本与林罗山的儒家神道观》，《日本研究》2008年第1期。

之君"掌天下和"易姓革命"思想,以及贯通天地人者为"天下之君"说,有利于幕府将军对皇室采取的压制的政策与种种措施,树立将军为"王"的形象。①

可见,朱子学中的理本论给出了江户幕府一统天下的合理依据,"纲常"名分的论述进而维护了统治阶层的稳定,"忠孝"观念更将家国之重心偏向了忠君,所有这一切对于江户幕府来说无疑都是求之不得的。基于这些原因,朱子学成为当时日本的官学便不难理解了。

其次,除了朱子学自身的这些特点之外,佛教在当时暴露出来的诸多问题也在另一个角度上促进了朱子学在日本的兴盛。从奈良时代(710～794)开始,佛教思想便成为日本思想的主流。时至镰仓时代,儒家思想开始悄然潜入,在五山文化中体现出了佛、儒合一的倾向。到了江户时代,儒家思想开始摆脱佛教日渐独立,并最终登上了官学的地位。所以可以说儒家思想逐渐确立的过程,实际上就是佛教思想日渐衰退的过程。

佛教在一个较长的时期里一直是以官府和幕府的御用思想的形态存在的,为了保持佛教作为御用思想的稳定性,僧侣们与寺院长期以来一直被置于一个相对安逸的环境当中。这无疑在一段时期内有效地保护和促进了佛教的发展。然而与此同时,这种保护也直接导致了僧侣们进取心的丧失,并进而使之走向堕落。朱谦之先生将佛教与当时日本社会之间的矛盾总结为以下五点:"(一)农民起义;(二)犯女禁与酒肉;(三)男色;(四)买卖职位;(五)高利贷。"②无疑,这些都使僧侣和寺院与平民及幕府之间的关系更趋紧张,矛盾也日渐表面化。在这一背景下,排佛运动勃然兴起,与此同时,也为朱子学思想的确立提供了可能。在这内外双重要因的共同作用下,朱子学于江户时代初期便很快登上了官

① 王金林:《程朱理学传入日本与林罗山的儒家神道观》,《日本研究》2008年第1期。

② 朱谦之:《日本的朱子学》,第150页。

学的宝座，并得到进一步的传播和发展。

在江户时代初期的130余年中，朱子学在日本一直保持着其不可撼动的官学地位。这一地位的保持，与日本著名朱子学家林罗山的贡献分不开。林罗山师承“日本近世儒学史上的开山人物”[①]藤原惺窝(1561～1615)，并历仕德川幕府的家康、秀忠、家光、家纲四代将军，为日本朱子学走上官学地位并长期占据这一地位做出了巨大的贡献。因此，对林罗山及林罗山思想的研究，在整个东亚地区都十分盛行。

**二、林罗山思想研究现状**

在日本众多的林罗山研究者中，井上哲次郎(1855～1944)、相良亨(1921～)、今中宽司(1913～)、崛勇雄(1905～1978)、玉悬博之(1937～)、石田一良(1913～2006)、源了圆(1920～)、日野龙夫(1940～)等人最为著名。

井上哲次郎的主要研究成果[②]可归结为两个方面：其一，肯定了罗山作为朱子学家的地位和罗山思想中朱子学理论的纯粹性；其二，指出了在理气关系上，罗山并没有继承朱子的理气二元论，而是依从了王阳明的一元论学说。然而，在井上的研究中，并没有给出更多的比较结果以证明其结论。相良亨在其著述[③]里发展并放大了井上学说中关于罗山思想与朱子思想相异之处的论述。今中宽司在肯定井上学说的同时，进一步指出就理气关系论而言，罗山虽然没有继承朱子的理气二元论，但也并非就是阳明的理气一元论。[④] 崛勇雄从另一个视角出发，给出了罗山思想与朱子思想之间存在着巨大差异的结论，同时指出罗山学说的

---

① 朱谦之：《日本的朱子学》，第176页。

② 参见[日]井上哲次郎：《日本朱子学派之朱子学》，(东京)富山房1905年版。

③ 参见[日]相良亨：《近世日本的儒教运动系谱》，(东京)弘文堂1955年版。

④ 参见[日]今中宽司：《国民生活史研究》第3卷《林罗山的教学思想》，(东京)吉川弘文馆1958年版。

根本目的在于为幕府的统治服务。[①] 玉悬博之也在深入研究罗山思想的基础上,发展并进一步细化了崛勇雄的论述。[②] 石田一良的研究为罗山研究提供了新的视角,他认为罗山的理气论观点有一个过渡和转化的过程。就是说,罗山在早年虽然有支持阳明的理气一元论的倾向,但从元和七年、八年开始他便将其理气观定着于朱子的理气二元论上了。[③] 石田之后的研究者中,源了圆将今中宽司的研究进一步引向深入。

与罗山研究在日本的盛况相同,在我国也有众多的罗山研究者,其中最具代表性的当属朱谦之(1899～1972)先生。另外,陈来、龚颖、赵刚等人的研究也各有特色,成果显著。

朱谦之先生的《日本的朱子学》一书是国内罗山研究者案头不可或缺的名作。在本书中,朱先生对日本的朱子学作了系统的介绍和分析,并对罗山作出了较高的评价。朱先生将罗山喻为"日本文艺复兴期的大人物"[④],并赞之曰:

> 罗山是一个极尊崇朱子的人。有诗云:"儒门第一集成功,道统传来垂不穷"。又"朱子家风慕二程,千年道统有谁争?"但在世界观方面,宁可违背了朱子之意,这就可见他是一个追求真理的人,拥护朱子而并不埋没于朱子的圈套中。[⑤]

龚颖所著的《"似而非"的日本朱子学——林罗山思想研究》一书也对罗山及罗山思想研究的现状作了较为详尽的介绍,并从理气、性情、排佛、兵法和文学等视角切入,对罗山思想作了透彻的分析。[⑥] 赵刚亦有专著《林罗山与日本的儒学》(日文)一书出版,主要从罗山汉诗的诗风等角度

---

① 参见[日]崛勇雄:《林罗山》,(东京)吉川弘文馆 1964 年版。

② 参见[日]玉悬博之:《中江藤树之"中期"思想》,《文化》第 35 卷第 4 号,1972 年。

③ 参见[日]石田一良等校注:《日本思想大系》第 28 卷《藤原惺窝・林罗山》,(东京)岩波书店 1975 年版。

④ 朱谦之:《日本的朱子学》,第 187 页。

⑤ 朱谦之:《日本的朱子学》,第 186 页。

⑥ 参见龚颖:《"似而非"的日本朱子学——林罗山思想研究》,学苑出版社 2008 年版。

入手对罗山的思想从一个侧面作出分析和介绍。[①] 陈来在《哲学门》上发表了题为《林罗山理学思想研究》的论文，简单明了但却深入其中地对罗山的朱子学思想进行了分析。[②]

此外，在近现代的韩国也有许多学者致力于罗山研究，并取得了十分丰硕的成果。在此不再赘述。

基于学界已有的研究成果，本书将通过直接考察罗山的著作原文及国内外罗山思想研究资料，对罗山思想与朱熹思想进行对比，进一步分析两者在理气论、心性论、工夫论、境界论、宗教观等方面的异同之处，深入探明罗山对于朱子学思想加以取舍的原因，并尝试解决以下问题：其一，明晰罗山所处的家庭及时代背景，加深对其思想特点的认识；其二，通过考察罗山在理气、心性、工夫、境界和宗教等方面的相关论述，分析并总结罗山思想的特色；其三，分析罗山思想在日本思想史中的地位及其时代意义。

当然，鉴于资料收集上的不足等原因，本书中尚存诸多问题有待日后进一步深入研究。

---

① 参见赵刚：《林罗山与日本的儒学》，世界知识出版社 2006 年版。

② 参见陈来：《林罗山理学思想研究》，《哲学门》2002 年第 2 期。

# 第一章 林罗山生平及其著述

## 一、生平

林罗山(1583～1657)[①],名忠,又名信胜,字子信,号三郎、罗山,剃发后法号为道春。林罗山作为日本江户时代前期朱子学派的重要代表之一,在日本思想史上具有举足轻重的地位。

林罗山于1583年8月生于京都四条新町。其生父为林信时,其母为田中氏。林罗山出生后不久,便成为林信时之兄林吉胜(号理斋)的养子。林氏一族原为乡村地主,之后没落为中流商家。身为米商的理斋将希望寄托于自幼就天资聪颖的林罗山身上,期待他能够通过研习学问重振家族。

身负厚望的林罗山于1595年(13岁)进入京都五山之一的建仁寺,师从禅师古涧慈稽,开始接触并学习唐宋诗文等古籍。时至1597年,林罗山(15岁)因拒绝剃发出家的要求而出寺归家。22岁时,出于政治及求学的双重目的,林罗山经吉田素庵介绍,进入日本朱子学的推广及展开者藤原惺窝(1561～1615)门下,在思想上有了较大的转变。藤原惺窝

① [日]铃木健一:《林罗山年谱稿》,鹈鹕(ぺりかん)社1999年版。

作为日本朱子学的开山者之一，使日本的儒学从禅学的束缚中摆脱出来，走上了独立之路，并从当时单纯的训诂之学向伦理之学转化。

林罗山作为惺窝门下的高第，继承并发扬了儒学思想的思辨性这一哲学本质。通过惺窝的介绍，林罗山在1605年4月(23岁)有幸第一次在京都二条城内拜见了当时的大将军德川家康，并回答了家康提出的一些问题。以之为开端，罗山历仕家康、秀忠、家光，直至第四代将军德川家纲，期间他一直担任德川家族的仕讲之职。1630年，罗山接受了德川家康第九子德川义直赏赐的土地及资金，开始筹建学堂。1632年，罗山在上野忍冈建成先圣堂，开始在此广泛的讲授和传播朱子学。

1657年3月2日，江户发生了一场规模极大的火灾——明历大火。这场大火于3月3日将罗山位于神田的家宅付之一炬。四天后，即1657年3月7日，罗山在他避难的上野别居中病逝，结束了他75岁的生涯。

## 二、主要著述

罗山一生笔耕不辍，著述颇多。朱谦之先生在他的《日本的朱子学》一书中对罗山的著述作了一个梳理，现抄录于此：

> 除了他在骏府校订整理的《本朝文粹》、《群书治要》、《日本纪》之后，还补正《宋朝类苑》的脱简，据足利学校的《五经正义》校勘《十三经》本的《五经》。又训点书，《四书》、《五经》注本之外，尚有《五经大全》、《春秋胡氏传》、《周易传义》、《蔡氏书传》、《周礼》、《仪礼》、《公羊传》、《穀梁传》、《尔雅》、《国语》、《陶渊明集》等。加句读书有《汉书》、《周礼仪礼注疏》、《通鉴纲目》、《续纲目》、《十三经注疏》、《续日本纪》、《仁明纪》、《文德实录》、《三代实录》、《西宫记》、《北山抄》、《江家次第》、《令义解》、《朝野群载》、《侍中群要》、《公卿补任事文类聚》、《七书直解》、《武德全书》、《文献通考》、《三国志》、《晋书》、《宋书》、《南齐书》、《二程全书》、《邵子全书》、《龟山文集》、《小学》、

> 《近思录》、《朱子大全》、《语类》、《性理大全》、《大学衍义补》、《许鲁斋集》、《吴临川集》、《读书录》、《居业录》、《蒙引》、《学蔀通辨》、《异端辨正》、《困知记》、《素问》、《灵枢》、《说郛》等。国译抄录书有《二礼谚解》、《论语摘语》、《五经要话抄》、《四书要语抄》、《四书集注抄》、《大学要旨》、《大学要略抄》、《孙子谚解》、《三略谚解》等。注释书有《古文真宝》、《老子》、《徒然草》、《野槌》、《职原抄》等。又著述史书有《武将传》、《百将传抄》、《日本考》、《宇多天皇纪略》、《源平纲要》、《东鉴纲要》、《京都将军家谱》、《镰仓将军家谱》、《织田信长谱》、《丰臣秀吉谱》、《武门姓氏考》,又《二十一代和歌集年代考》等。关于经济书有《倭汉法制》、《荒正恤民录》等。虽然这百余部之中,好些因罹丁酉之火灾不传,但仅就今传世较广的《罗山文集》七十五卷、《诗集》七十五卷,及其他专著来看,其洽博也就很可观了。[①]

正如朱先生所言,尽管罗山的许多著作因为那场明历大火而失传,但是仅从这一目录便不难看出罗山一生的勤勉。罗山著作、整理、训点、补正和翻译的文献之中经史子集无所不包,其涉猎领域可谓宏大,其学之所及可谓渊博。在《林罗山年谱稿》的《序》中,铃木健一就以“多”这一关键词来总结罗山。他说:

> 第一,在近世初期,没有人能够像罗山一样可以与数量如此众多的人进行诗歌的赠答。第二,罗山在诸如政治、思想、文学语言学、宗教、掌故学等众多的领域中都做出了为世人瞩目的贡献。第三,罗山有着多(长)达七十五年的生涯。[②]

无疑,丰盈的著述就是这“三多”最好的证据。另外,朱谦之先生所说的《罗山文集》和《诗集》是指在罗山逝世两年后,其子鹅峰和读耕斋一起编纂的《林罗山文集》和《林罗山诗集》,其中不仅收录了罗山的诗文作品,

① 朱谦之:《日本的朱子学》,第 196～197 页。

② [日]铃木健一:《林罗山年谱稿》,第 1 页。(笔者译)

还附上了他的年谱、编著书目、编著始末和行状。此后，京都史迹会对这两部集子再次加以编纂整理，于 1979 年经由鹈鹕（ぺりかん）社出版发行，为罗山研究提供了极大的便利。

罗山一生不仅读书不辍，著述颇丰，同时还在图书的收藏和文献的整理方面做出了诸多贡献。在 72 岁时，罗山谈及藏书时说："我家藏书一万卷，或誊写，或中华朝鲜本，或日本开板本，或抄纂，或墨点朱句，共是六十余年间所蓄收也。"[①]嗜书爱书亦是罗山作为汉学家的一大特色。罗山在得知他位于神田的家宅内的藏书阁——铜文库也未能幸免于大火，一生近万卷的藏书被付之一炬后，郁郁寡欢，并终于四日后与世长辞。

以罗山的文集为例，综观罗山的著作，可以发现他经常会在文中使用疑问句式。这作为罗山文章的特点之一，常常为研究者们所谈及。究其缘由，主要应有以下几点：

首先，这是罗山严谨的治学态度的表现。尽管罗山是日本朱子学派中最有成就的学者之一，但是他却依然保持着谦虚和严谨的治学态度。在他的观点与先儒的说法有所不同，以及他对自己的观点尚不能完全断定时，他便会以疑问句式提出问题，并在这些疑问之中表述他个人的观点。例如，在《林罗山文集》第 67 卷《随笔三》中就有如下的记述：

> 性即理也。天下无性外之物，理无不善。故孟子称：性善。是也。然则所谓恶则性外乎？性内乎？曰性外，则性外无物；曰性内，则性本无恶。恶之所自出之本原，果其何处乎？是先儒之所未言也。岂易言哉。[②]

以上仅为一例而已，诸如此类的疑问句式在罗山的著作中比比皆是，随处可见。尽管这种不尽明了的表述方式会给后学及研究者们带来诸多

---

① ［日］京都史迹会编纂：《林罗山诗集》，鹈鹕（ぺりかん）社 1979 年版，第 360～361 页。

② ［日］京都史迹会编纂：《林罗山文集》，鹈鹕（ぺりかん）社 1979 年版，第 834 页。

不便，但是这种疑问句式的使用却表现出罗山不妄下结论的审慎和通过疑问来启人深思的治学方法。就罗山文章中的这一特点，陈来在他的《林罗山理学思想研究》中如是说：

> 朱谦之说林罗山是日本文艺复兴式的人物，是有其道理的。事实上，在这方面的体现，不仅在于林罗山具有百科全书式的广泛知识，用理性调和传统信仰，还有一个方面，就是他在很多地方，都以怀疑的态度，以疑问的方式，对儒家经典中的内容提出疑问。虽然他往往并没有对这些疑问给出其自己的明确解答，但从这些疑问中往往可以看出他的思路指向。①

诚如陈来所言，罗山的疑问不仅仅是他怀疑态度的表现，更是他论理的重要方法。罗山文集共有 75 卷，而其中的《问对》篇就有 6 卷之多，且对于其中的许多问题罗山均未正面给出确定的答案。然而，如若认真研读罗山的设问和疑问，再结合其他文章中罗山的论述，他所欲言之理便在其中了。

其次，这是罗山思维方式的展现。在《林罗山文集》第 67 卷《随笔三》的末尾之处，编者加注曰："此一卷壮年所做，别为一小册，号《格物端绪》，举多般疑而欲穷其理也。今并入随笔。"②对于这一加注，陈来说："可见以疑义的形式开展穷理及表达其穷理的结果，是林罗山思考的重要方式。"③无疑，这是罗山在他的文章中对发现问题、提出问题，最终解决问题的思维全过程的明确展现。这同时也是罗山在写作、论述过程中发现问题、思考问题的有效方法。学者通过对这些质疑进行研究，将会给研读罗山的文章带来一个新的视角。基于此，也就可以辨析出罗山的关注点和他的一些基本论点了。

最后，这是罗山对先儒表达尊重的一种方式。"暧昧"是日语文章的

---

① 陈来：《林罗山理学思想研究》，《哲学门》2002 年第 2 期。

② ［日］京都史迹会编纂：《林罗山文集》，第 837 页。

③ 陈来：《林罗山理学思想研究》，《哲学门》2002 年第 2 期。

特色之一，但是暧昧并不是语焉不详，也不仅仅是一种变相的驳斥，而是以一种疑问的形式来阐述自己的观点的方式方法。较之于直白的断定和坚决的驳斥，疑问句式的多用使得罗山文章的表述更加委婉，从而愈发彰显出罗山对于先儒的敬意。

# 第二章　理气关系视野下的总体宇宙观

在中国哲学文化发展的过程中，理学作为儒学空前哲学化的发展阶段，建构起了其以“理”为天地万物之终极依据的总体宇宙观。“理”作为天之所以为天、地之所以为地、人之所以为人的根本依据，是有着绝对性的形而上的存在。朱子主要通过对理、气以及理气关系的探究，确立起了其以“理”为核心的思想体系。林罗山立足于其所处的文化语境，继承并发展了朱子的理气学说，展现出了他理气关系视野中的总体宇宙观。

## 第一节　理

在朱子学的思想体系中，“理”是本体论、宇宙论的最高范畴。林罗山继承了这一观点，并在太极即理、理主动静、理先气后等关于理的论述上很好地继承并发扬了朱子学说。在探究罗山对于朱子学说的继承之前，有必要首先就朱子关于“理”的论述略作概观。

朱子说：“至于天下之物，则必各有所以然之故与其所当然之则，所谓理也。”[①]就是说理是天下之物“所以然之故与其所当然之则”，是事物

① （宋）朱熹：《朱子全书》第6册，上海古籍出版社、安徽教育出版社2002年版，第512页。

生化、存在的根本。这无疑就是朱子理本论思想最鲜明的展现。就形而上之理与形而下之器物的关系，朱子如是说："若在理上看，则虽未有物而已有物之理。然亦但有其理而已，未尝有是物也。"[①]在这里，朱子道出了理的绝对性，言明了理是先于物而存在的。同时，朱子还有这样的论述："宇宙之间一理而已，天得之而为天，地得之而为地，而凡生于天地之间者，又各得之以为性，其张之为三纲，其纪之为五常，盖皆此理之流行，无所适而不在。"[②]无疑，这里展现出的是朱子学视域中理的普遍性存在，天、地、天地之间的万物和人伦社会中的"三纲五常"莫不由理而生、因理而存。然而，尽管说理的存在具有绝对性和普遍性，其还是不可以离开客观具体之物。"徐问：'天地未判时，下面许多都已有否？'曰：'只是都有此理。天地生物千万年，古今只不离许多物。'"[③]综上可以认为，在朱子学的思想体系中，理本论是基础，同时理的存在又有其绝对性、普遍性以及客观性。

林罗山对于理的理解很好地继承了朱子的学说。下面，首先来看一段罗山与耶教徒不干[④]的对谈：

> 春曰："理与天主有前后乎？"
>
> 不干曰："天主者，体也；理者，用也。体者前，理者后也。"
>
> 春指面前之器曰："器者，体也；所以作器者，理也。然则理者前，而天主者后也。"
>
> 不干不解，曰："灯者，体也；光者，理也。"
>
> 春曰："所以火为灯者，理也；光者非理也，唯云之光而已。"
>
> 干犹不解，曰："作器之一念起处为理；一念不起以前，元无想无念而有体。然则体前理后也。"

---

① (宋)朱熹：《朱子全书》第22册，第2146页。

② (宋)朱熹：《朱子全书》第23册，第3376页。

③ (宋)黎靖德编：《朱子语类》，中华书局1986年版，第4页。

④ 不干，即不干斋哈比安(1565～1621)，日本人，耶稣会的修道士。

春曰:“不可也。不谓无想无念,唯言理与天主而已。无想无念之时有理而存。”[①]

在这段对话中,罗山(即文中的“春”)将他对于“理”的理解用更为具体、形象化的语言表述了出来,通过对“器”与“所以作器”,以及“所以火为灯者”的论述,阐明了他对于理的认识。认真比对、分析罗山与不干的对谈便不难看出:在对谈中,罗山坚定地立于朱子理气论的立场之上,时刻将“理”置于形而上的高度,将“所以作器者”“所以火为灯者”作为“理”。同时,说明了“理”是先于思想以及“气”“器”和天主而存在的。通过这场精彩的论辩,不难看出“理”在罗山宇宙本体论中不可撼动的最高地位和罗山对朱子学理论的忠实继承。

下文将逐一比对罗山与朱子在理气论具体观点上的异同之处,以探明罗山在理气论观点上对于朱子学的继承和发展。

首先,朱子在关于“太极”和“理”的关系上提出了他“太极即理”的观点。

“太极”一语出自《系辞上》:“是故《易》有太极,是生两仪,两仪生四象,四象生八卦,八卦定吉凶,吉凶生大业。”[②]无疑,在易学视域的天道观中,“太极”是最高的范畴,是宇宙生化的终极依据。周敦颐继承并发展了“太极”作为宇宙本体论根源的论述,在他的《太极图说》的开篇之处便说“无极而太极”[③],并以之作为他立论的基础。作为集大成者,朱子继承了周敦颐的这一论述,并进而以“太极”的概念为基础,将他的“理”的范畴导入其中,通过“太极理也”[④]的等式转换,构建起了以“理”为最高范畴的宇宙本体论和朱子学理论架构。关于“太极”与“理”的关系,朱

---

① [日]京都史迹会编纂:《林罗山文集》,第673页。

② (宋)朱熹:《朱子全书》第1册,第133页。

③ (宋)周敦颐:《周敦颐集》,岳麓书社2002年版,第3页。

④ (宋)黎靖德编:《朱子语类》,第2376页。

子还说："太极只是天地万物之理"①；"太极只是一个'理'字"②；"太极只是个极好至善底道理"③。无疑，打通"理"与"太极"的概念为朱子学的理本论思想体系找到了立论的根基，在继承传统的同时，也为朱子进一步展开论述提供了便利。

作为朱子学家的林罗山，非常忠实地继承了朱子这些观点。他在《西铭讲解》一文中如是说："夫太极生阴阳，阴阳生五行，变化生克生万物。太极理也，阴阳气也，所以阴阳者道也，五行一阴阳也，阴阳一太极也。"④无疑，这是罗山对周敦颐理论的继承，更是通过"太极理也"的论述对朱子理论的继承。从中亦不难看出罗山以"理"或"太极"为最高范畴的宇宙本体论观点。另外，罗山在他的《理气辩》一文中也明言："此气中自行具备之物，理也。是则太极也。"⑤此处，罗山也将"理"与"太极"做了等同化处理，并通过"气中自行具备之物"的论述，将此二者同时上升为形而上的范畴。不仅如此，罗山还这样解释"自然""理""太极"和"无极"的关系："自然者，理也。太极者，其至极之实理也。有理而无形，故云：无极而太极。先儒指气为太极，非是。"⑥罗山认为自然就是"理"，太极就是"理"的极致表现。因为"有理"但"无形"，所以说"无极而太极"。在此基础之上，罗山更大胆地指出了先儒将气喻为太极的不妥之处。这无疑是对朱子学理本论的继承，更是对朱子"太极即理"学说的全面接受。

其次，在理学家的视野中，作为宇宙本体论根源的"理"同时还是宇宙生成论的根本之所在，所以"理"便会呈现出动与静的不同表征。那么，"理"与"动静"之间又是什么样的关系呢？就此，朱子提出了他"理主

---

① (宋)黎靖德编:《朱子语类》,第 1 页。

② (宋)黎靖德编:《朱子语类》,第 2 页。

③ (宋)黎靖德编:《朱子语类》,第 2371 页。

④ [日]京都史迹会编纂:《林罗山文集》,第 337 页。

⑤ [日]石田一良等校注:《日本思想大系》第 28 卷《藤原惺窝·林罗山》,第 162 页。

⑥ [日]京都史迹会编纂:《林罗山文集》,第 851 页。

动静”的观点。

朱子在解释周敦颐《太极图说》中的“太极动而生阳，动极而静，静而生阴”一语时如是说：

> 太极，理也；动静，气也。气行则理亦行，二者常相依而未尝相离也。太极犹人动静犹马，马所以载人，人所以乘马。马之一出一入，人亦与之一出一入。盖一动一静，而太极之妙未尝不在焉。①

在这里，朱子将“太极”或“理”与“动静”或“气”的关系，比喻为人与马的关系，说明了“理”的动静是通过“气”的动静表现出来的，但是同时“太极”或“理”又是“动静”或“气”的驾驭者，是“动静”之所以可动静的根本缘由。

罗山对朱子的这一“理主动静”的论述也合盘接受，他说：“朱文公云：‘太极，理也；阴阳，气也。’按‘动生阳，静生阴’，其理元来固有故也。凡有气则有理，其气所以有动静，万古如此。”②罗山在这里指出：因为但凡是气则必有气之理，所以气之所以能有所动静，也完全是因为在气中原本就有能使之动静的理的存在。不仅如此，罗山对朱子的“理主动静”的论述坚信不疑，断语曰：“万古如此！”可见罗山对朱子这一观点的忠实继承。

再次，如上所述，在朱子学中“理”是宇宙本体论的最高范畴，是宇宙万物之所以存在的终极依据。而世间万物皆是由这个“理”与“气”结合之后化生而来的。所以，在事事物物之中也就有了内在于其中的“理”的存在。那么，形而上的本然之“理”与即事即物之“理”之间又是什么样的关系呢？当被问及这一关系时，朱子借用佛教中“月映万川”的比喻来形象地言说其中的道理，提出了他“理一分殊”的经典论述。

---

① （宋）黎靖德编：《朱子语类》，第 2374 页。

② ［日］京都史迹会编纂：《林罗山文集》，第 851 页。

朱子说：

问：“《理性命》章注云：‘自其本而之末，则一理之实，而万物分之以为体，故万物各有一太极。’如此，则是太极有分裂乎？”曰：“本只是一太极，而万物各有禀受，又自各全具一太极尔。如月在天，只一而已；及散在江湖，则随处而见，不可谓月已分也。”[①]

当然，根据朱子“太极理也”的论述，这里所说的太极就可以理解为“理”。朱子说万事万物中确实都禀受了太极，也就是理。但是这并不意味着理被瓜分开来，而万事万物之中所具备之理也不是被分裂开来的理中的一部分，而是一个完整的理。所以，本然之理和即事即物之理的关系就犹如月印万川，在天之月与映于江河湖海之月皆是一轮完整无缺之月。朱子的这个“理一分殊”的论述在整个的朱子学理论系统内有着举足轻重的地位。以“理一分殊”理论为基础，朱子将他的理本论观念与心性论以及纲常伦理等观念相联系，从而构建起了朱子学庞大的理论体系。

罗山对“理一分殊”这一论述十分重视。他说：

会得理一不易，会得分殊亦最难。事事物物归诸心，千言万语约诸心，唯一个心而已可也。若是囫囵吞枣才下喉何味之有？故理一不易。天何故高，地何故厚，水何故润下，火何故炎上，所以孝于二亲，所以忠于君主此等何故不可不穷也。故分殊亦最难。以曾子之贤而三省，之后真积力精渐得闻一贯，况其它乎？故颜子亦博文约礼相兼而言之，不若是则失于罔与殆，不可不思焉。若不会分殊，只管守这昭昭虚虚以为道在此，则犹若背镜而求照欤。须读圣人所说，而莫被异端陷溺可也。[②]

由此可见罗山对“理一分殊”的深刻理解。罗山认为，要领会“理一”就必须将事事物物、千言万语融会贯通于心间，体认其中的共通之理。可以

① (宋)黎靖德编：《朱子语类》，第 2409 页。

② [日]京都史迹会编纂：《林罗山文集》，第 943 页。

认为，这一过程就是一个归纳总结的过程。无疑，这一过程并非易事。与此同时，所谓“分殊”就是将这个共通之理加以运用，加以铺陈和展开。罗山举例说，在自然界中的天之所以高、地之所以厚、水之所以能润下、火之所以能炎上的道理，在人伦社会中的之所以要孝于二亲、忠于君主的道理，都是这一“分殊”的体现。大千世界，光怪陆离，无奇不有，要理解这一理之“分殊”自然困难甚多。所以，为了穷究这些在物之理，就有必要效仿曾子、颜子读圣贤之书，且学而思之。只有如此，方能学有所得而不陷溺于异端。另外，罗山在《西铭讲解》中也明确了他对“理一分殊”的理解。他说：

> 夫太极生阴阳，阴阳生五行，变化生克生万物，太极理也，阴阳气也，所以阴阳者道也。五行一阴阳，阴阳一太极也。人物之出自天地，本是理一也。为予、为民、为物、为兄弟、为圣贤、为不才、为孝子、为悖贼、为富贵、为贫贱是分殊也。故儒先评《西铭》以为理一分殊，亦是圣门广仁之义乎。①

罗山在这里更加直接地阐明了他的以“太极”为事事物物之“理一”，以人物众相的不同表征为“分殊”的观点。形而上之理下贯于人、物，在“理一分殊”的理念之下融通天人物我、汇聚宇宙人伦。罗山的讲述将儒学作为天人之学的本质特征展现得淋漓尽致。由此亦不难看出罗山在“理一分殊”理论上对于朱子学理论的继承。

## 第二节 理气观

理作为形而上的存在必须要有形而下的“气”的应和方能展现出其存在，并落于实处。如是，就必然会出现理与气的关系问题。那么，理与气之间的关系是统为一元，还是彼此二分？若能够一分为二，便有了孰

---

① ［日］京都史迹会编纂：《林罗山文集》，第337页。

先孰后、孰为本孰为末等问题的出现。

诚如上文所言，虽然罗山在理本论以及太极即理、理主动静和理一分殊等理论上继承了朱子的观点，但在谈及“理”与“气”这一对范畴彼此之间的关系时，他与朱子间却出现了较为明显的差异。这一点在日本的思想界曾一度引起很大的关注和争论。归结众多的学说，大体上可分为两大主要派别。其中，一派认为罗山的理气论是调和了朱子学的理本论和阳明理气一元论的产物。因为这一派的代表人物主要是井上等人，所以在本书中暂将他们的主张称为“井上说”。与之相对，另一派认为罗山的理气论思想经历了先调和朱王两学之说，后归于朱子的理气二元论的变化历程。因此派的代表人物主要是石田等人，本书中亦将之简称为“石田说”。

下文将通过介绍这两种学说的具体内容，对罗山的理气论观点作进一步的分析。

## 一、基于朱子理本论和阳明理气一元论的罗山式的理气论(井上说)

井上哲次郎(1856～1944，明治时代的日本哲学家)等人(如永田广志、阿部吉雄、衣笠安喜、今中宽司、崛勇雄、宇野茂彦等)认为，虽然林罗山是日本朱子学派的代表人物，但他的理气论中却有源于阳明理气一元论的成分。

在论证井上等人学说的合理性之前，有必要首先了解朱子以及阳明的理气论观点。

首先，朱子认为理气二元、理本气末、理先气后。

朱子说：“天地之间，有理有气。”[①]在此，朱子首先肯定了理与气的存在。接着，朱子分别给出了理与气的定义，并进而揭示了理、气之间的关系，他说：“理也者，形而上之道也，生物之本也；气也者，形而下之器

① (宋)朱熹：《朱子全书》第23册，第2755页。

也，生物之具也。”[①]然后，朱子又给出了“人物之生”的必要条件：“是以人物之生，必禀此理然后有性，必禀此气然后有形。”[②]由此叙述不难看出，人与物的“性”来源于其所禀之理，而形体的产生则是禀受了“气”的缘故。显然，朱子认为理与气在人与物身上的表现形式是有所不同的。同时，理与气之间的这种差异，也说明了理与气是两个不同的存在。由此便可以看出朱子的理气二元论主张。

既然是理气二元，那么就有了本末的问题。朱子说：“有是理便有是气，但理是本，而今且从理上说气。”[③]无疑，朱子的这一论述明确地表达出了他以理为本的理本论思想特色。同时，因为理气二元，自然也就有了先后的问题。在先后关系上，朱子认为：“理与气本无先后之可言，但推上去时，却如理在先，气在后相似。”[④]因为宇宙万有都是同时禀受了理与气这两者之后才有其性、有其形的，所以很难说明理和气孰先孰后。但是，立足于理本论的观点之上，却又可以推论出理先而气后的结论。不过，朱子认为，虽然可将理气二分，将之归为二元，但这二元之间的关系却不是相互对立的，而是一种基于高度一体化基础上的二元。正如朱子所云：“天下未有无理之气，亦未有无气之理。”[⑤]

综上不难看出，朱子的理气关系论是以理本论为基础的可以一分为二但又相即不离、共在一体的理气二元论。

其次，阳明不同于朱子，他认为心即理、理气一元。

阳明有如下的论述：

> 爱问：“至善只求诸心，恐于天下事理有不能尽。”先生曰：“心即理也。天下又有心外之事，心外之理乎？”爱曰：“如事父之孝，事君

---

① （宋）朱熹：《朱子全书》第23册，第2755页。
② （宋）朱熹：《朱子全书》第23册，第2755页。
③ （宋）黎靖德编：《朱子语类》，第3页。
④ （宋）黎靖德编：《朱子语类》，第3页。
⑤ （宋）黎靖德编：《朱子语类》，第2页。

之忠，交友之信，治民之仁，其间有许多理在，恐亦不可不察。”先生叹曰：“此说之蔽久矣，岂一语所能悟？今姑就所问者言之：且如事父不成，去父上求个孝的理；事君不成，去君上求个忠的理；交友治民不成，去友上、民上求个信与仁的理：都只在此心，心即理也。此心无私欲之蔽，即是天理，不须外面添一分。以此纯乎天理之心，发之事父便是孝，发之事君便是忠，发之交友治民便是信与仁。只在此心去人欲、存天理上用功便是。”①

在这里，阳明立论于“心即理”，说明了心外无事、心外无理，并将忠、孝、仁、信都归诸一心。那么，既然心就是理，在阳明处“气”又是何物呢？阳明说：

“生之谓性。”“生”字即是“气”字，犹言气即是性也。气即是性。人生而静以上不容说。才说气，即是性，即已落在一边。不是性之本原矣。孟子性善，是从本原上说。然性善之端，须在气上始见得。若无气，亦无可见矣。恻隐，羞恶，辞让，是非，即是气。程子谓“论性不论气不备，论气不论性不明”。亦是为学者各认一边，只得如此说。若见得自性明白时，气即是性，性即是气，原无性气之可分也。②

在这里，阳明又将“气”的概念与“性”相等同，说“气即是性，性即是气”。在此基础上，更将孟子的性善论立于气的基础上进行阐述，把气作为性善之端的外显之处，将恻隐、羞恶、辞让、是非之心喻为气。既然理与心同、气与性同，那么理、气之间的关系自然也就与心、性之间的关系相同了。就心、性之间的关系，阳明如是说：“所谓汝心，亦不专是那一团血肉。若是那一团血肉，如今已死的人，那一团血肉还在。缘何不能视听言动？所谓汝心，却是那能视听言动的。这个便是性，便是天理。”③也

① (明)王守仁撰:《王阳明全集》,上海古籍出版社 1992 年版,第 2 页。
② (明)王守仁撰:《王阳明全集》,第 61 页。
③ (明)王守仁撰:《王阳明全集》,第 36 页。

就是说，阳明又将心与性作了等同化处理。如此上推，阳明的理气一元的观点便十分鲜明了。阳明更用“理者气之条理，气者理之运用。无条理，则不能运用，无运用，则为无以见其所谓条理者矣”①一句来直接概括理、气之间的一元关系。

在基本了解了朱子的理气二元论和阳明的理气一元论之后，下面再就罗山关于理气关系的论述加以考证。

(一)井上说的主要依据

井上等人认为罗山在理气观上调和了朱子的理气二元论和阳明的理气一元论学说，其主要论据如下：

> 太极，理也；阴阳，气也。太极之中本有阴阳，阴阳之中未尝不有太极。五常，理也；五行，气也，亦然。是以或有理气不可分之论，胜虽知其戾朱子之意，而或强言之。②

在这封通过吉田玄之[即角仓素庵(1571～1632)，与林罗山同在藤原惺窝门下学习儒学，同时也是罗山进入惺窝处的介绍人]转交藤原惺窝的信件中，“胜”(即罗山)虽自知“理气不可分之论”也就是理气一元论有悖于朱子的理气二元“之意”，但仍坚信之。无疑，井上等人举出的罗山的这一论述是罗山主张理气一元的最有力证据。

当然，罗山对理气一元论观点的表述绝非仅此一处。罗山还说：

> 程子曰：“论性不论气不备，论气不论性不明，二之则不是。”古今论理气者多矣，未有过焉者，独大明王守仁云：“理者气之条理，气者理之运用。”③

> 理与气一欤？二欤？王守仁曰：“理者气之条理，气者理之运用。”④

① (明)王守仁撰：《王阳明全集》，第62页。

② [日]京都史迹会编纂：《林罗山文集》，第18页。

③ [日]京都史迹会编纂：《林罗山文集》，第852页。

④ [日]京都史迹会编纂：《林罗山文集》，第832页。

在这两处论述中，罗山亦在明知阳明的理气一元论与朱熹的二元论观点大相径庭的情况下，明确表明了他对阳明理论的赞同。井上等人也均以罗山的上述论述为依据，直言“林罗山虽然尊崇朱子学，但独有理气之说却是依据王阳明”①。另外，井上等学者更举出罗山下面的论述来证明其学说的正确性。罗山在随笔中这样写道：

> “理气一而二，二而一”是宋儒之意也。然阳明子曰：“理者气之条理，气者理之运用。”由之思焉，则彼有支离之弊。由后学起则右之二语不可舍此而取彼也。要之，归乎一而已矣，惟心之谓乎。②

若从某种角度上着眼，从罗山的这一论述中可以看出罗山非但在理气关系论上采纳了阳明的观点，即使在“心”这一范畴的论述上也表现出向阳明心学靠拢的迹象。就罗山思想中表现出的对朱子理论和阳明理论的调和一点，朱谦之先生如是说：“罗山是一个极尊崇朱子的人。有诗云：‘儒门第一集成功，道统传来垂不穷’。又‘朱子家风慕二程，千年道统有谁争？’”③在此，朱先生首先明确了罗山对朱子及朱子学的肯定和褒扬。继而，朱先生又就罗山没有采纳朱子的理气二元论一点，称赞罗山道：“但在世界观方面，宁可违背了朱子之意，这就可见他是一个追求真理的人，拥护朱子而并不埋没于朱子的圈套中。”④由此句可见，朱先生也清楚地看到了罗山在理气论观点上与朱子的不同之处。

综上所述，井上等人的观点可以理解为：罗山虽然在理气论上尊崇朱子的理本论，但在理气关系论上放弃了朱子的理气二元论，转而支持阳明的理气一元论。同时，这也正是罗山理气论的一大特点之所在。

---

① 转引自龚颖：《“似而非”的日本朱子学——林罗山思想研究》，第 3 页。（原文见[日]井上哲次郎：《日本朱子学派之哲学》，第 65 页）

② [日]京都史迹会编纂：《林罗山文集》，第 844 页。

③ 朱谦之：《日本的朱子学》，第 186 页。

④ 朱谦之：《日本的朱子学》，第 186 页。

（二）对于井上说的疑问

然而，确如井上等所言，罗山在理气关系论上完全采纳了阳明的理气一元论？且看下面一段罗山与朝鲜通信使之间的对谈，罗山说：

> 贵国先儒退溪李滉专依程张朱子说，作四端七情，分理气辩以答奇大升。其意谓四端出于理，七情出于气。此乃朱子所云四端理之发、七情气之发也。末学肤浅，岂容喙于其间哉。退溪辩尤可嘉也。我曾见其答，未见其问。是以思之，其分理气则曰“太极理也，阴阳气也”，而不能合一，则其弊至于支离欤；合理气则曰“理者气之条理也，气者理之运用也”，而不择善恶，则其弊至于荡莽欤。方寸之内所当明辨也。[①]

此文中，罗山对于朝鲜儒学泰斗、退溪学派创始人李退溪（1501～1570）能够“专依程张朱子说，作四端七情，分理气辩”之举予以充分的肯定，赞曰：“退溪辩尤可嘉也。”虽然在后文中罗山指出理气二元论的说法有失于“支离”，但他同时也指出了理气一元论“不择善恶”，失于“荡莽”的弊端。可见，罗山在这里表现出来的观点，既非朱子的理气二元论，亦非阳明的理气一元论。但是，通过他对退溪的赞扬，可见他对二元论的倾向性。另外，在罗山的《随笔》中还留有这样的文字，罗山写道：“王阳明诗曰：‘影响犹疑朱仲晦，支离却咲郑康成。’阳明以为朱子亦未得其形与声也。故以影响二字议之。曰：朱子不可非也。我与王氏而观，其不足知量而已。”[②]由此不难看出罗山对阳明的不屑和对朱子的推崇。

综上所述，在理气关系上罗山的表述有其矛盾之处，但是可以肯定的是，井上所说的理气一元论观点也并非是罗山理气论的全部。就此问题，下文中将再加详述。

在对井上说加以概观之后，下文将对更多学者认可的石田说加以简要介绍。

---

① [日]京都史迹会编纂：《林罗山文集》，第157～158页。

② [日]京都史迹会编纂：《林罗山文集》，第843页。

## 二、先调和朱王，后归于朱子的理气论变化历程（石田说）

（一）石田说

对于罗山在理气关系和本体论上表述的不一致，学者们有着各种不尽相同的解释。其中，日本历史学者石田一良（1913～2006）的解释尤受关注。他指出，林罗山的理气观并不是一个静态的存在，而是一个发展变化的过程。虽然罗山的早期思想中的理气关系论倾向于阳明的一元论，但是在后期，罗山最终将他思想的立足点置于了朱子学的立场之上。石田说："林罗山的理气论以藤原惺窝的殁年为界限分成两段，即，前一段宣扬'心外无理'的阳明式理气一元论思想，后来转向了朱子所说的心外有天理分殊的理气二元论思想。"[①]这里石田所说的藤原惺窝的殁年是1619年，所以可以认为以此年为界罗山的思想发生了转变。石田随后更断言说："林罗山在元和七、八年时将自己的思想确定于朱子的理气二元论。"[②]石田的学说一出，即在日本学术界引起了很大的共鸣，其后许多学者发表言论对此观点表示了赞同。不仅如此，学者们更是纷纷在石田的基础上继续探索，将罗山理气论研究引向了深入和具体。其中，日本历史学家源了圆和玉悬博之的研究尤受关注。玉悬通过对罗山的著作《巵言抄》的研究，继承并完善了石田的结论，明确了罗山在理气论思想上完成这一转折的具体时间，即元和六年[③]（1620），也就是罗山38岁之时。石田一派的学者们认为，在元和八年（1622）之后，《林罗山文集》中已不见罗山欲将阳明的理气论观点与朱子学说相折中的言论。

下文中，笔者将根据石田派学者们罗列的主要论据和罗山在其其他

---

① 转引自龚颖：《"似而非"的日本朱子学——林罗山思想研究》，第8～9页。（原文见[日]石田一良等校注：《日本思想大系》第28卷《藤原惺窝·林罗山》，第424页）

② 转引自龚颖：《"似而非"的日本朱子学——林罗山思想研究》，第9页。

③ 参见龚颖：《"似而非"的日本朱子学——林罗山思想研究》，第13页。

文章中表露出来的特点，按照理本论、理气一元论、对于理本论的疑问、理气二元论的框架对罗山的论述加以分类，同时借助相关资料[①]对引文的成稿时间进行考证，最终通过梳理来验证石田说的正确性，并希望有所发现。

首先，罗山在论述中表现出了他的理本论观点。

如前文中已经引证过的那样，罗山在与耶教徒不干的对论中曾表现出他理本论的思想特点。现再次引用之：

> 春曰："理与天主有前后乎？"不干曰："天主者，体也；理者，用也。体者前，理者后也。"春指面前之器曰："器者，体也；所以作器者，理也。然则理者前，而天主者后也。"不干不解，曰："灯者，体也；光者，理也。"春曰："所以火为灯者，理也；光者非理也，唯云之光而已。"干犹不解，曰："作器之一念起处为理；一念不起以前，元无想无念而有体。然则体前理后也。"春曰："不可也。不谓无想无念，唯言理与天主而已。无想无念之时有理而存。"[②]

无疑，这是罗山（即文中的"春"）坚定地立于朱子理本论的基础上与不干进行的一场精彩的论辩。据《年谱稿》考证，这场辩论是在1606年[③]，也就是罗山24岁时展开的。另外，罗山还说："夫天下之事莫不有理，莫不载于诗书六艺之中，然理一也。"[④]此文出处《随笔二》的具体成文时间不甚明了，但可以确定的是，这是庆长年间[⑤]，即1596～1614年，也就是罗山14～32岁的作品。

其次，罗山理气一元论思想的表述。

在罗山的论述中，最能证明其理气一元论观点的莫过于此句："太

① 主要是铃木健一所著《林罗山年谱稿》以及《林罗山文集》中的标记。

② [日]京都史迹会编纂：《林罗山文集》，第673页。

③ [日]铃木健一：《林罗山年谱稿》，第23页。

④ [日]京都史迹会编纂：《林罗山文集》，第817页。

⑤ [日]铃木健一：《林罗山年谱稿》，第41页。

极，理也；阴阳，气也。太极之中本有阴阳，阴阳之中未尝不有太极。五常，理也；五行，气也；亦然。是以或有理气不可分之论，胜虽知其戾朱子之意，而或强言之。”[①]这是庆长九年[②]，即1604年，也就是罗山22岁时的论述。

再次，罗山在本体论上表现出的疑问。

在以下的引文中，罗山或直言不讳，或假借他人之口表达了他在本体论上的疑问：

> 《易》称："形而上者谓之道，形而下者谓之器。"又曰："一阴一阳之谓道。"程伯子曰："阴阳亦形而下者也。而曰道者，元来只此是道。"朱子曰："天地之化，往者过、来者续，无一息之停，乃道体之本然也。"又答柯国材书曰："一阴一阳往来不息即是道之全体。"伯子与朱子其言不异。程叔子曰："所以阴阳者，道。"又云："所以阖辟者，道。"朱子又曰："理与气决是二物。"又曰："理弱气强。"又曰："若无此气，则此理如何顿放？"叔子与朱子其言相同，而伯叔有异。朱子亦其言前后有异。未知以何者为定论，而归其一也。[③]

在这里，罗山以二程关于理气观在叙述上的矛盾为切入点，直指朱子言论的前后差异，从而把自己心中的疑问明确化。此处的争论点可以看成是如何定位"道"（即"理"）的问题。明道认为虽然阴阳为形而下之存在，但是也可以认为就是道。这一论述在某种角度上看，或可理解为阴阳即道、道与阴阳为一体。那么，如将阴阳视为气的话，理气一元论的端倪也就在其中了。与之相对，伊川则认为，"所以阴阳者""所以阖辟者"才是道，道是阴阳、阖辟的原因，而非阴阳本身，所以道与阴阳不同。换言之，理气应为二元。罗山认为朱子前和明道，后应伊川，从而出现了在理气论上的前后矛盾之处。然而朱子这种论述上的矛盾，同时也恰恰是罗山

---

① ［日］京都史迹会编纂：《林罗山文集》，第18页。

② ［日］京都史迹会编纂：《林罗山文集》，第23页。

③ ［日］京都史迹会编纂：《林罗山文集》，第344～345页。

在理气论上的疑问之所在。此文是庆长之末[1]的1614年,也就是罗山32岁时的作品。

最后,关于罗山言论中表现出的理气二元论思想。

前述罗山对李退溪的理气二元论的观点的赞扬是在1636年[2],也就是罗山54岁时表明的。罗山说:

> 贵国先儒退溪李滉专依程张朱子说,作四端七情,分理气辩以答奇大升。其意谓四端出于理,七情出于气。此乃朱子所云四端理之发、七情气之发也。末学肤浅,岂容喙于其间哉。退溪辩尤可嘉也。[3]

在这段话中,罗山对李退溪忠实于朱子之说的赞扬,间接表明了他对理气二元论的支持。

综上所引不难看出,石田等人以罗山38～40岁为界,将其前期视为调和、折中朱子与阳明理气论的阶段,而将其后期视为忠实于朱子理气论的阶段的学说是基本正确的。

(二)对于石田说的疑问

然而确如石田等所说,罗山理气论思想可以以某一固定时间点为界一分为二吗?这一分界的依据的可信性如何呢?果如其所言,罗山在壮年期后完全抛弃了他一直坚持着的理气一元论观点,而笃信于朱子的理气二元论吗?而其契机又是什么呢?上述问题都有待进一步明确。下文中笔者试引罗山的几段文字,以期为上述问题的解决提供一点微薄之助。

在下面的引文中,罗山表现出了其在本体论观点上的多样性。罗山说:

> 儒先以为:以主宰谓之帝、以形体谓之天地、以性情谓之乾坤、

---

① [日]京都史迹会编纂:《林罗山文集》,第345页。

② [日]铃木健一:《林罗山年谱稿》,第132页。

③ [日]京都史迹会编纂:《林罗山文集》,第157～158页。

> 以气谓之阴阳。凡主乎两间者，无不出自此焉。我藐焉眇小之形混成处于其中，此气充塞于天地之际，即是我体也；此性宰帅于天地之际，即是我理也。孟子“志者，气之帅也”、“浩然塞天地间”云者以此也。[1]

在此段的论述中，虽然罗山表明了他性即理的观点，但是相较于“理”，他似乎更加重视“气”的存在。再探究本段文字出处，可知其出自于罗山的《西铭讲解》。《西铭》是张载的作品，而张载主张的是气本论。罗山在此篇文字中表明对张载理论赞许的同时，也暗中透露出他对于气本论的支持。虽然在《文集》以及《年谱稿》中皆未标明《西铭讲解》的具体成稿时间，但在《西铭讲解》的末尾之处有这样的文字：“男靖依人请而讲古文有日矣。迩日当讲《西铭》云云，于是任笔以授之。”[2]文中的“靖”就是罗山的四子林守胜，即读耕斋。据年谱考证，守胜生于宽永元年的 1624 年 11 月 21 日[3]，当时罗山 42 岁。至守胜依人之请而能讲古文之时，罗山应已年过半百。可见，罗山在理本论上产生疑问是在石田等人所谓的罗山已定着于朱子的理气二元论以后的事情了。且不论罗山的理气关系论，单就理本论而言，罗山在半百以后亦未完全遵从朱子之说的事实是明确的。另外，罗山以气为本的观点还可以从下面的引文中窥得。他说：

> 国常立尊，一日御中主尊。古人口诀云：八百万神即一神，一神即八百万神。今按万物生自五行，五行即一阴阳也；阴阳即太极也；太极本是无极也。于是此尊之奥义可见矣。何烦引盘古而当之哉？盘古之说，不经而不足信。[4]

此语不仅是罗山神道观的一个展现，同时也是他宇宙论的一个概括。他

---

① ［日］京都史迹会编纂：《林罗山文集》，第 335 页。
② ［日］京都史迹会编纂：《林罗山文集》，第 337 页。
③ ［日］铃木健一：《林罗山年谱稿》，第 83 页。
④ ［日］京都史迹会编纂：《林罗山文集》，第 863 页。

在此处以“阴阳即太极也”之论将朱子理论中形而上的太极和形而下的阴阳等同了起来。加之上述《西铭讲解》中“以气谓之阴阳”的表述，那么这里的无极、太极也就可以理解为“气”了。换言之，万物自五行生，五行是一阴阳，阴阳是气，同时还是太极，而太极即为无极。所以这里自然就会给人以气与无极或太极相同，是处于同一地位之存在的感觉。再由此下推，便很容易得出万物生于气、宇宙以气为本的结论了。上文引自《林罗山文集》中的第 69 卷《随笔五》，其成文的具体时间虽然不甚明了，但可以确定的是这是宽永年间[①]，即1624～1643 年，也就是罗山 42～61 岁的作品。

另外，罗山还有这样的论述：

> 理之所主谓之帝也；理之所出谓之天也；理之所生谓之性也；理之所聚谓之心也。心也者，形之君而人之神明也；性也者，心之所具之理。而天也者，又理之所从以出者。而帝也者，乃是理之主宰者也。帝也、天也、性也、心也，通古今、亘万世而一也；人亦一也；理一也。[②]

在这里，罗山不仅将帝、天、性、心与理放在了几乎相等的理论高度之上，更将“天”作为“理”之“所从以出”之处，将“帝”作为“理之主宰者”，这无疑是对形而上的绝对存在的“理”的一种曲解，表现出的是罗山理本论思想的动摇。此文出自《梦帝赉良弼论》，成稿时间不详。

与之相似的观点还可以在下面的引文中窥得：“天者，性理道义之所由出也。天也、心也、性也、道义也；一也。”[③]同样，此段文字也将“天”作为理之“所由出”之处。这些论述无疑颠覆理作为本体论之最高范畴的地位。此段文字出自《不白说》，是 1624 年，也就是罗山 42 岁时的作品。

从以上几段引文中不难看出，罗山不仅在理气的一元、二元关系上

---

① [日]铃木健一：《林罗山年谱稿》，第 164 页。

② [日]京都史迹会编纂：《林罗山文集》，第 266 页。

③ [日]京都史迹会编纂：《林罗山文集》，第 316 页。

的论述较为复杂，即使是在本体论、宇宙论的论述上也尚有诸多不明之处。在罗山的《文集》里，不同的文章中的理、气、天或许都可以被解读成罗山心中的本体论的最高范畴。

综上所述，且不论罗山是否真的如石田说所言在40岁之后放弃了理气一元论，转而立于朱子学立场之上，仅从后期罗山思想中表现出的在理本论的动摇上便可以看出罗山理气论思想的复杂性。石田等人无视罗山的理本论思想，而仅立于理气关系的角度上分析问题的做法，似有其欠妥之处。不仅如此，笔者认为在石田说用以立论的论据上也不无问题。

笔者认为，石田等人关于罗山在后期回归到朱子学立场上的说法，依据有欠笃实，缺乏更为直接的引文来佐证。看到罗山对于李退溪之分理气以辩四端七情的嘉赞，就说罗山支持理气二元论尤显牵强。罗山这里对于“退溪辩”的“尤可嘉”的评判标准也有待解明。在是赞赏退溪之辩的内容本身，还是赞赏退溪能够依朱子理论进行辩论这一行为的问题上，似乎尚存不明之处。所以，即使可以肯定罗山思想随着其阅历的增长有所变迁，他是否真的在后期就完全回归到了朱子学的立场之上，使理气二元论成为他心中立论的根基，仍有待深探。

### 三、罗山理气论的特点

综上，笔者认为罗山的理气论具有以下特点：

首先，罗山的理气论既不同于朱子，也不同于阳明，更不是单纯的折中组合，而是罗山所独创的适合当时日本社会背景的理论体系。

将理本论和理气一元论相结合的做法，无疑既不同于朱子亦不同于阳明，所以可以说这是罗山理论体系中的创新之处。程朱理学和阳明心学本就是两个完全不同的理论体系，欲将之简单融合在一起谈何容易。不论是在理论的高度，还是在概念下行的过程中，均需要理论的创新。当然，罗山在这个摸索的过程中也产生了在论述及表达上的不严谨之处，对于概念范畴的解释亦有其不足和矛盾存在。甚至是在本体论上，罗山也表现出了些许的彷徨和摇摆。然而，对于当时的罗山来说，这些似乎都可以认为是他在理论创新阶段的摸索过程中的必然产物。在罗山的视野中，理气二元论有"支离"之弊，一元论又太过"荡莽"，所以根据实际情况和论述的主题与目的加以选择便成为了必然。罗山当时所处的时代是一个刚刚从战乱中走出的时代，简明的论述似乎更能契合当时尚无暇多顾的人们。所以早年的罗山选择了阳明的理气一元论思想，简单归一的理论构架自然会在论述上带来诸多方便。到了后期，广泛的阅历和更为从容的治学态度，使得罗山可以更加细腻地玩味前人的理论特点，并加以选择。当然，此处所说的玩味和选择的对象不仅仅限于理气关系论上，即便是在理本论上也是如此。关于这一问题，下文中将作进一步详述。所以笔者认为，罗山的理气论思想既未照抄朱子，亦非原搬于阳明，也不是简单地拆分组合，而是具有罗山特色、适合当时日本社会背景的理论体系。

其次，在理气一元、二元论上确有变迁，但不是跨越式的转折，而是倾向性上的调整。

任何一个思想家的思想都不可能是静态的。罗山思想当然也不例外，其发展历程亦是一个从矛盾走向成熟、发展和更新的过程，是一个螺旋式上升的过程。在将理本论和理气一元论相结合的理论实践过程中，罗山的思想和论述中都出现了许多的疑问和矛盾。而这些却恰恰成为了罗山思想进步的阶梯。在经历了理论上的彷徨和震荡后，罗山对于朱子理论的理解和驾驭都变得更加圆融。同上所述，这时呈现出来的便是他向朱子学理论的复归。但是，出于理论本身的复杂性，罗山思想的连贯性，以及罗山当时的年龄、地位和日本当时的社会环境等诸多实际因素，罗山的理气论思想的转变是在一个相对平稳的过程中完成的，而绝非是一个跨越性的转折和骤变。同时，这里所说的转变和向朱子学理论的复归，也不是不加思考的盲从和毫无疑问的全盘接受。这或许正是罗山在后期对于诸如宇宙本体论等问题依然持有疑问的缘故，但是这些疑问本身都是极具理论深度和更具启迪性的。所以，可以认为罗山的理气论及本体论体系是他所独有的，是他经过思想上的彷徨的产物，同时也正是他的思想之一大特点。

## 第三节　试论罗山重构朱子理气论之原因

基于前文分析不难看出，罗山在基本继承朱子学理气论的同时，也在以理气关系为中心的论述上显现出其个人思想之特色。对于罗山重构朱子学说之原因，笔者认为大致有以下几点。

首先，笔者认为罗山对于朱子理气论的重新构建与其治学态度关系密切。罗山是一个勤于思而敏于行的人，他对理论的接受是带有批判性和独创性的，即使这一理论是先哲的经典也不例外。他 18 岁起倾心于《朱子集注》，但不盲从之，在 22 岁入师惺窝前就已经要"戾朱子之意"而言"理气不可分"了。罗山的这种自信和善于思考的品性，使得他在前期能够立于其独有的视角之上发现理气二元论中的不和谐之处，并且勇于对之提出疑问、进行辨析，进而形成他自己的理论特色。

罗山从不按部就班地照宣先哲，在《林罗山文集》中有这样的一段记载：

> 幕府谓余曰："而与朝鲜三使笔谈何事?"余对曰："理气以为一耶？以为二耶?"彼答曰："理有一而已，气有清浊。""四端出于理，七情出于气，此言如何?"彼答曰："喜怒哀乐之得正者为清，不得其正者为浊，而气亦出于理。""朱子、象山何愈?"彼答曰："朱文公集诸贤之大成，何比之于象山?"余盖有意而问如此，欲试之也。儒先之议论布在方册，余尝皆见之，非问彼而后知之也。彼答乃儒生之常谈，耳不足为多矣。①

---

① ［日］京都史迹会编纂：《林罗山文集》，第 840 页。

从本段引文中亦不难看出罗山对于“儒生之常谈”的不屑。罗山的这种治学态度使得他对朱子学理论的改造成为了可能，也为他的理论创新提供了独特的视角。关于罗山的为学观，本书将在论述罗山的工夫论思想的章节中具体展开。

其次，罗山对于朱子理气论的变革是出于其理论实践的需要。

因为理和气两者均为不可见、不可触的存在，所以在具体讲解的时候势必会遇到一些困难。解释形而上的理时尤其如此。因此，如前所引，罗山说：“天者，性理道义之所由出也。天也、心也、性也、道义也；一也。”①这是罗山为了释明理的出处而作出的努力。罗山将人们可见的，也是通常意义上的最高存在的“天”引出，并以之作为“性理道义之所由出”之处，也完全是为了论述上的便利。详考这一引文的出处可知，这是罗山于1624年(42岁)应稻叶正胜(1597～1634，藩主、大名)之请所作的《不白说》中的一段文字。在此段之前有这样的叙述：

> 夫道者，不可以形色而求也。而复不能离于形色。故非青非黄非赤非白非黑而能具诸色；不方不圆不长不短不曲不直而能备众形。此岂心外哉？尽其心则知其天。天者，性理道义之所由出也。天之苍苍其正色耶。故曰：玄黄者，天地之杂色也。所谓玄者，不白之谓也。而天下之色色皆出自此矣。②

可见，这是罗山在应用理学的观念解决实际的哲学问题，是一个实践层面上的讲解。这里首先将“天”看成是一个可视的、有“苍苍”之色的形而下的存在，之后又将同样一个“天”视为“性理道义之所由出”之处(可以理解为万物之本源)，同时是高于“性理道义”的概念范畴，可谓之为太极、无极的存在，从而展现出了“天”的形而上的特征。罗山之所以在这里赋予天这一双重性，或许就是为了解释“不白”之内涵，是从可见的存

① [日]京都史迹会编纂：《林罗山文集》，第316页。
② [日]京都史迹会编纂：《林罗山文集》，第315页。

在向形而上的存在的一个过渡，是一语双关，抑或带有某种比喻的成分。所以，虽然这里将天作为理的出处，使之成为至高无上的范畴，但却可以认为这是罗山在当时那个特定语境中作出的具有比喻性的言论，是在实践层面上解释概念范畴时的一种不得已之举。

再次，对于朱子理论的重构是罗山所处时代的要求。

罗山生活的时代是江户幕府统一政权建立之初的时代。从战乱的动荡中走出后，日本社会在经济以及思想文化等诸多领域都处在重新构建的阶段。如前章中所述，也正因为如此，朱子学才应运登上了官学的宝座。罗山是当时朱子学派中最为重要的代表人物之一，一生曾历仕四代将军。由此事实便可想见罗山在当时构建新的统治思想时所处的重要地位。虽然江户幕府的建立结束了大规模的战争与杀戮，但是战争的阴影却难以从人们的心中一挥而去。为了重塑社会风气，罗山就有必要站在统治者一边，告诉人们去恶向善。这时，对于“恶”之起源的解释当然不可或缺(关于罗山的心性论观点，笔者将在本书的下一章中具体展开)。这就要求罗山对理论层面上的理本论和理气二元论的朱子学思想进行灵活运用，使之能够较为直接地与心性论相联系，并为朱子学心性论提供理论依据。统括了理、气、心、性、情、气质之性、天命之性等诸多概念范畴的朱子学理论系统虽然严谨，但对于当时的日本社会来说却太过庞大和繁复。与之相对，阳明心学系统又太过主观和唯心，所以两者都不便于推广和应用。在这一背景下，罗山便将理本论和理气一元论相结合，创造出了他独到的理论体系。这一体系因为将有清浊之分的“气”与形而上的万物的存在依据“理”合而为一，遂实现了理论体系的简单化。所以可以说罗山在这里所做的工作不是理论的细化、深化，也不是分析和演绎，而是一种简化，一种归纳和尽可能的统一。因此可以说，罗山对于朱、王两说的调和和重建是当时时代背景下的产物，有其产生的必然性和必要性。随着社会环境日趋平和，罗山和众人一样渐渐出现了可以平静深思的心境和思想上的余裕，这为思想体系的深化和细化提供了可能。罗山应时而动，遂将当初简单化了的理气论思想重新加以完善，并展现出了向朱子学理论的复归。由是观之，罗山思想的前后分期说是有其正当性的。

通过本章的论述可以看出，在罗山的理学视野中，“理”是宇宙万有存在的终极依据，是天之所以为天、地之所以为地、人之所以为人的基本价值根基之所在。与朱子一样，罗山也认为形而上的“理”与形而下的“气”相结合便可以生化出世间的万事万物，而所禀之气的清浊差异是构成形态各异的天人众象的多样性的原因之所在。同时，理的统一性使得人己物我之间息息相通，一体无隔，彼此关联。可以说，在理和气的共同作用下，我们生活的这个世界才能够如此的姿态万千，同时也圆融通泰。因为儒学是天人之学，所以只有当人明晓了此理之存在后，方能将天道与人道相贯通，并借此效法天道来挺立人道，在一种自觉的意识之下，积极改变气质，尽人之所能将在己之理充分彰显，实现个我的理想人生，并进而成就整个社会和宇宙。所以，以理气关系论为基础的心性论是朱子学的又一大重要内容。罗山对于朱子学理本论的继承无疑是他作为日本朱子学代表人物的重要识别特征，是他理学思想的核心之所在。这也同时决定了在以朱子学理本论和理气关系论为基础构建起来的罗山思想体系中心性论、工夫论等思想的理学价值根基。

# 第三章　心性论重建之尝试

在中国历史文化发展的长河中，理学作为儒学的重要阶段，形成了特色鲜明的哲学文化体系。在儒、释、道三教合一的进程中，理学汲取了佛教及道教中关于心性方面的思想素材，以人性之善恶为中心展开论述，并进而明确了人之为人、人之所以为人的人生应然之道。在理学家看来，心性论是作为天人之学的中国哲学，尤其是儒学的最大特色之一。新儒家们更将心性论称为“中国文化之精髓所在”[①]。朱子学继承并发扬了儒学的这一特征，在心性论方面有着系统的论述。如前章中所述，“理”在朱子学家的视野中是宇宙本体论的最高范畴，共同的一个“理”与清浊有别的“气”相结合便幻化出了宇宙万有，其中的人自然也不例外。这就决定了人与天地、与万有、与他人之间不可割裂的联系性和区别性。在朱子学中，“心”是“理”与“气”共同作用下的产物，而“性”则是“理”在人与物身体之上的体现。林罗山在继承朱子学说的同时，也展开了他在日本文化语境下的积极探索和大胆尝试，为朱子学心性论思想在日本的进一步发展提供了活力。下文中，笔者将通过比较罗山与朱子在心性方面的论述，探析罗山对朱子学心性论的继承和发展。

① 张君劢、唐君毅、牟宗三、徐复观:《中国文化与世界——我们对中国学术研究及中国文化与世界文化前途之共同认识》。(1958年元旦，张君劢、唐君毅、牟宗三、徐复观四位先生发表在香港《民主评论》上的宣言)

## 第一节 性

理学是以心性论为中心的贯穿天人的学问，是全新的儒家哲学文化系统。关于"性"，朱子在综合了北宋五子及以往儒家学术资源的基础上，提出了他独具特色的见解。在论述朱子关于"性"的学说以及罗山对朱子理论的继承和发扬之前，有必要首先对先秦诸子的心性论观点作一略观。

儒学创始人孔子(前551～前 479)在心性方面的论述并不是很多，其中最具代表性的一句当属"性相近也，习相远也"[①]。因为谈及不多，所以考证孔子对于"性"的具体定义亦非易事。根据后人的解释，这里的"性"或可理解为人的天性，即人所禀赋的先天之性。与之相对，"习"所指的应该是人的习染，是人的后天行为或其所处的社会环境。所谓"性相近也"，说的是人的先天本性尽管不尽相同，但也无大异。而"习相远也"，则指个人后天所处的环境及其自身的行为等主客观因素的存在，造成了实际上人与人之间习性的差异。孔子未就性的本然状态过多论述，这也就使得后人无法确定孔子所谓的先天之"性"究竟是善还是恶。而这恰恰给后人留下了更多的理论空间。

孔子之后，孟子(前372～前 289)继承了儒学传统，并立于他的视角之上发展了儒学，心性论亦是在孟子处得以展开的。孟子首先解答了孔子留下的何为性的问题，孟子说："口之于味也，目之于色也，耳之于声也，鼻之于臭也，四体之于安佚也，性也。"[②]但是，这里的性并非就是人之本"性"。因为孟子认为性与性也并非尽同。这一点从孟子与告子(战

---

① 《论语·阳货》，(宋)朱熹：《朱子全书》第 6 册，第 219 页。

② 《孟子·尽心下》，(宋)朱熹：《朱子全书》第 6 册，第 450 页。

国时人，生卒年份不详）的论辩中便可窥知："告子曰：'生之谓性。'孟子曰：'生之谓性也，犹白之谓白与？'曰：'然。''白羽之白也，犹白雪之白；白雪之白，犹白玉之白与？'曰：'然。''然则犬之性犹牛之性，牛之性犹人之性与？'"[①]且不论孟子在这里是否有论辩逻辑上的不足，有一点是可以肯定的，那就是孟子以为"人之性"与犬、牛之性是不同的。那么"人之所以异于禽兽者几希？"[②]孟子认为那是因为人之性中皆有四心，他说："恻隐之心，人皆有之；羞恶之心，人皆有之；恭敬之心，人皆有之；是非之心，人皆有之。"[③]当然，若不具备这四心，人就失去了为人的必要条件。孟子说："无恻隐之心，非人也；无羞恶之心，非人也；无辞让之心，非人也；无是非之心，非人也。"[④]同时，也恰恰是因为有了这四心，人才有了仁义礼智。换言之，四心是仁义礼智的发端，即可被称为"四端"："恻隐之心，仁之端也；羞恶之心，义之端也；辞让之心，礼之端也；是非之心，智之端也。"[⑤]同时，孟子认为无论是四心还是四端都是人性中所固有的，他说："仁义礼智，非由外铄我也，我固有之也。"[⑥]这一说法的提出，无疑是孟子对于儒学最大的贡献。这为儒家所倡导的仁义礼智找到了理论的根据。因为四心、四端皆是"我固有之"的存在，所以孟子认为即使不学、不思，人也能为善。正如"孩提之童无不知爱其亲者，及其长也，无不知敬其兄也"[⑦]。这被孟子称为"良能"和"良知"。孟子说："人之所不学而能者，其良能也；所不虑而知者，其良知也。"[⑧]孟子更举例以证之，他说当人"乍见孺子将入于井"时，都会生出"怵惕恻隐之心"，这是自然而

---

① 《孟子·告子上》，（宋）朱熹：《朱子全书》第 6 册，第 396 页。
② 《孟子·离娄下》，（宋）朱熹：《朱子全书》第 6 册，第 358 页。
③ 《孟子·告子上》，（宋）朱熹：《朱子全书》第 6 册，第 399 页。
④ 《孟子·公孙丑上》，（宋）朱熹：《朱子全书》第 6 册，第 289 页。
⑤ 《孟子·公孙丑上》，（宋）朱熹：《朱子全书》第 6 册，第 289 页。
⑥ 《孟子·告子上》，（宋）朱熹：《朱子全书》第 6 册，第 399 页。
⑦ 《孟子·尽心上》，（宋）朱熹：《朱子全书》第 6 册，第 430 页。
⑧ 《孟子·尽心上》，（宋）朱熹：《朱子全书》第 6 册，第 430 页。

然的，而不是因为“内交于孺子之父母”或“要誉于乡党朋”，也不是因为“恶其声而然”。[①] 从孟子的上述言论中，或许已不难看出他对性所持的态度，那就是性本善，正所谓“孟子道性善，言必称尧舜”[②]。关于不善，孟子也有言及，他说：“若夫为不善，非才之罪也。”[③]无疑，这里孟子认为不善不是来源于人的天禀之性，而是人自身的原因或客观诱因造成的，是后天的。例如，他说：“富岁，子弟多赖；凶岁，子弟多暴。非天之降才尔殊也，其所以陷溺其心者然也。”[④]孟子认为，造成子弟“多赖”和“多暴”的原因是“岁”之富与凶，是客观因素的结果。综上，孟子的心性论的中心就是性善论。

继而是荀子(约前313～前 238)关于“性”的论述。与孟子相同，荀子也认为性是人秉受于天的，是先天的，是天赋的。他说：“凡性者，天之就也，不可学，不可事。”[⑤]但是，与孟子的性善论截然不同，荀子主张性本恶：“人之性恶，其善者伪也。”[⑥]同时，荀子认为在性本恶这一点上，即使圣人也不例外，他说：“凡人之性者，尧舜之与桀跖，其性一也；君子之与小人，其性一也。”[⑦]区别就在于君子和圣人能够化性而起伪：“凡所贵尧禹君子者，能化性，能起伪，伪起而生礼义。”[⑧]而“伪”就是人为，他说：“可学而能，可事而成之在人者，谓之伪。”[⑨]这样就将人禀天而来的性之恶与后天学事而得的伪之善对立了起来。荀子进一步解释了他认为的人性本恶的原

---

① 《孟子·公孙丑上》，(宋)朱熹：《朱子全书》第 6 册，第 289 页。

② 《孟子·滕文公上》，(宋)朱熹：《朱子全书》第 6 册，第 306 页。

③ 《孟子·告子上》，(宋)朱熹：《朱子全书》第 6 册，第 399 页。

④ 《孟子·告子上》，(宋)朱熹：《朱子全书》第 6 册，第 400 页。

⑤ (清)王先谦撰，沈啸寰、王星贤点校：《荀子集解》，《新编诸子集成》本，中华书局 1988 年版，第 435 页。

⑥ 《荀子·性恶》，(清)王先谦撰，沈啸寰、王星贤点校：《荀子集解》，第 434 页。

⑦ 《荀子·性恶》，(清)王先谦撰，沈啸寰、王星贤点校：《荀子集解》，第 441 页。

⑧ 《荀子·性恶》，(清)王先谦撰，沈啸寰、王星贤点校：《荀子集解》，第 442 页。

⑨ 《荀子·性恶》，(清)王先谦撰，沈啸寰、王星贤点校：《荀子集解》，第 436 页。

因。他说:“今人之性,饥而欲饱,寒而欲暖,劳而欲休,此人之情性也。”[①]“夫好利而欲得者,此人之情性也。”[②]因为人的这些欲饱、欲暖、欲休、欲得的欲望是源于天禀之性的、是本能的,所以为了满足这些欲望而求之于外的做法也就是顺理成章的自然之举了。荀子说:“夫薄愿厚,恶愿美,狭愿广,贫愿富,贱愿贵,苟无之中者,必求于外。”[③]这样,当人们为了满足自己的欲望而向外求索的时候,就自然会引起纷争:

> 今人之性,生而有好利焉,顺是,故争夺生而辞让亡焉;生而有疾恶焉,顺是,故残贼生而忠信亡焉;生而有耳目之欲,有好声色焉,顺是,故淫乱生而礼义文理亡焉。然则从人之性,顺人之情,必出于争夺,合于犯分乱理而归于暴。[④]

其结果便是天下“归于暴”了。荀子还说:“假之有弟兄资财而分者,且顺情性,好利而欲得,若是则兄弟相拂夺矣。”[⑤]也就是说,为了满足人之私欲,其争夺的对象不仅限于外人,即使是兄弟之间也不能例外,这无疑都是人性之恶的表现。为了不使人性之恶横行于世,荀子认为需要外在的“治”和“化”与内在的“慎”和“积”的共同作用。荀子说:“立君上之势以临之,明礼义以化之,起法正以治之,重刑罚以禁之,使天下皆出于治,合于善也,是圣王之治而礼义之化也。”[⑥]又说:“故人知谨注错,慎习俗,大积靡,则为君子矣;纵性情而不足问学,则为小人矣。”[⑦]在此不难看出,尽管孟子与荀子在人性之善恶问题上观点迥异,但是为了治世,两人在推行礼义来教育和感化民众这一点上是一致的。而这个礼义是“圣人之

---

① 《荀子·性恶》,(清)王先谦撰,沈啸寰、王星贤点校:《荀子集解》,第436页。
② 《荀子·性恶》,(清)王先谦撰,沈啸寰、王星贤点校:《荀子集解》,第438页。
③ 《荀子·性恶》,(清)王先谦撰,沈啸寰、王星贤点校:《荀子集解》,第439页。
④ 《荀子·性恶》,(清)王先谦撰,沈啸寰、王星贤点校:《荀子集解》,第434页。
⑤ 《荀子·性恶》,(清)王先谦撰,沈啸寰、王星贤点校:《荀子集解》,第438页。
⑥ 《荀子·性恶》,(清)王先谦撰,沈啸寰、王星贤点校:《荀子集解》,第440页。
⑦ 《荀子·儒效》,(清)王先谦撰,沈啸寰、王星贤点校:《荀子集解》,第144页。

所生"[①]，也就是圣人之教。

先秦之后，历经董仲舒（前179～前104）的性三品说、韩愈（768～824）及李翱（772～836）的性情论等不同发展阶段，心性论思想在宋明时期得以进一步展开，并呈现出一个新的高潮。朱熹作为宋代理学的集大成者，在继承前人理论的基础上，在心性论上展开了他精彩且严谨的论述。

## 一、性与理之关系

朱子认为"性"是形而上的存在。朱子在注释程颢的"人生而静以上不容说"一段时说：

> "人生而静以上"，即是人物未生时。人物未生时，只可谓之理，说性未得，此所谓"在天曰命"也。"才说性时，便已不是性"者，言才谓之性，便是人生以后，此理已堕在形气之中，不全是性之本体矣，故曰"便已不是性也"，此所谓"在人曰性"也。[②]

不难看出，与"理"一样，在朱子处"性"也是形而上的存在。"性"不可以直观地视听触碰，即便是言说出来，也已然不是"性之本体"了。同时，朱子还用"理"来定义"性"。对于《中庸》中的"天命之谓性"一句，朱子注释道："命，犹令也。性，即理也。天以阴阳五行化生万物，气以成形，而理亦赋焉，犹命令也。于是人物之生，因各得其所赋之理，以为健顺五常之德，所谓性也。"[③]朱子在此明确表述出了他"性即理"的观点，说天在生化包括人在内的万物之初，就在其中赋予了理，正因为有这个理的存在，才能够"健顺五常之德"，这即可被称为"性"。下文中，笔者将从"性即理"以及"五常之德"的论述入手，对林罗山和朱熹关于心性论的观点展

① 《荀子·性恶》，(清)王先谦撰，沈啸寰、王星贤点校：《荀子集解》，第435页。
② (宋)黎靖德编：《朱子语类》，第2430页。
③ (宋)朱熹：《朱子全书》第6册，第32页。

开讨论，并探明罗山在心性论上对朱子学的继承和发展。

（一）“性即理”

首先，在“性”“理”关系上，朱子明确了其“性即理”的基本论断。罗山将朱子的这一论断完整地继承下来。

“性即理”是朱子关于“性”“理”关系的重要论述，现对其稍加详述。朱子说：“天则就其自然者而言，命则就其流行而赋于物者言之，性则就其全体而万物所得以为生者言之，理则就其事事物物各有其则者言之。到得合而言之，则天即理也，命即性也，性即理也。”[①]也就是说，“性”是在整体层面上说的，是万物得以为生的依据；而“理”则是在万事万物的个体层面上讲的，是事物所具有的法则。所以可以认为在朱子学中，“性”和“理”是立于不同角度的话语系统中的统合体，“性即理也”的论述表明了“性”和“理”之间存在的共同性。但是同时，“性”与“理”又有其不同之处。如：“天地之间，有理有气。理也者，形而上之道也，生物之本也。气也者，形而下之器也，生物之具也。是以人物之生，必禀此理，然后有性。必禀此气，然后有形。”[②]此语可理解为，禀理是有性的必要条件，是以禀理为先，而成性在后。也就是说，“理”是先于“性”而存在的，是具有绝对性的本体。而只有当形而上的“理”与形而下的“气”相结合，化生出人、物之后，“性”才得以显现。另外，根据朱子对于“理”的论述——“太极只是一个‘理’字”[③]和“性即理也”的观点，便可以推论出“性即太极”的结论了。朱子直言：“性字盖指天地万物之理而言，是乃所谓太极者何不可之。”[④]同时，再就“理”与“道”和“理”与“性”的相互关系，又可以推论出“性”与“道”的等价关系。朱子说：“道即性，性即道，固

① （宋）黎靖德编：《朱子语类》，第 82 页。

② （宋）朱熹：《朱子全书》第 23 册，第 2755 页。

③ （宋）黎靖德编：《朱子语类》，第 2 页。

④ （宋）朱熹：《朱子全书》第 22 册，第 2463 页。

只是一物。”[①]但是,“道”却不完全等同于“性”:“‘道’与‘性’字其实无甚异,但‘性’字是浑然全体,‘道’字便有条理分别之殊耳。”[②]也就是说,“性”是在全体的层面上讲的,而“道”却是即物而在的,是有条理的、不同的。不难看出,“性”与“道”的区别和“性”与“理”的区别有其相似之处,那就是论述角度的不同。

罗山继承了朱子“性即理”的观点,他说:“性即理也。在天地亦同此理也,在人亦同,在禽兽亦同,在草木亦同,在万物亦同,性无二故也。”[③]

可见,在此,罗山在肯定了朱子“性即理也”的论断之后,将“性”置于天地、人、禽兽、草木以至于万物处,从存在的普遍性上证明了“性”与“理”的相同点。罗山对“性即理”观点的继承还可以自下述引文中窥得。罗山说:

> 儒先以为:以主宰谓之帝、以形体谓之天地、以性情谓之乾坤、以气谓之阴阳。凡主乎两间者,无不出自此焉。我藐焉眇小之形混成处于其中,此气充塞于天地之际,即是我体也;此性宰帅于天地之际,即是我理也。孟子“志者,气之帅也”、“浩然塞天地间”云者以此也。[④]

其中,“此性宰帅于天地之际,即是我理也”一句,便直接明了地道出了罗山心中对于朱子之“性即理”论断的充分肯定和继承。

(二)理通过性之五常的具体展现

从上述“人物之生,因各得其所赋之理,以为健顺五常之德,所谓性也”[⑤]的定义中不难看出,朱子认为纯然至善之“理”表现在人身上便是“性”,而此“性”又会以“仁、义、礼、智、信”这“五常”的形式彰显出来,成

---

① (宋)黎靖德编:《朱子语类》,第 82 页。
② (宋)朱熹:《朱子全书》第 22 册,第 2381 页。
③ [日]京都史迹会编纂:《林罗山文集》,第 345 页。
④ [日]京都史迹会编纂:《林罗山文集》,第 335 页。
⑤ (宋)朱熹:《朱子全书》第 6 册,第 32 页。

为人性之善的根本表现。朱子的这一论述不仅是对先秦两汉以来儒家心性理论的继承和发展,更是一种理论上的升华。继上文分析了罗山在"性即理"方面的论述之后,下文将从"五常之德",即"仁、义、礼、智、信"这些"性"的下位概念入手对罗山和朱熹在心性论上的观点展开讨论,进而探明罗山在心性论上对于朱子学的继承和发展。

在具体论述朱子和罗山关于"仁、义、礼、智、信"的观点之前,有必要明确此"五常"与"性"的关系。就此,朱子如是说:"性是统言。性如人身,仁是左手,礼是右手,义是左脚,智是右脚。"[①]可见,在某种意义上,朱子将仁、义、礼、智等作为"性"所内含的范畴,并以"性"统括之。正是出于"五常"与"性"的这种关系,可以认为分别考察"五常"之具体内容便可了解"性"之内涵。

首先,关于"仁"。在朱子关于仁的论述中,最具代表性的当属《仁说》一文,现引之并略探其思想内涵。朱子说:

> 天地以生物为心者也,而人物之生,又各得夫天地之心以为心者也。故语心之德,虽其总摄贯通,无所不备,然一言以蔽之,则曰仁而已矣。请试详之。盖天地之心,其德有四,曰元、亨、利、贞,而元无不统。其运行焉,则为春、夏、秋、冬之序,而春生之气无所不通。故人之为心,其德亦有四,曰仁、义、礼、智,而仁无不包。其发用焉,则爱恭宜别之情,而恻隐之心无所不贯。故论天地之心者,则曰乾元、坤元,则四德之体用亦不待遍举而该。盖仁之为道,乃天地生物之心,即物而在。情之未发,而此体已具;情之既发,而其用不穷。诚能体而存之,则众善之源、百行之本莫不在是。此孔门之教所以必使学者汲汲于求仁也。其言有曰:"克己复礼为仁。"言能克去己私,复乎天理,则此心之体无不在,而此心之用无不行也。又

---

① (宋)黎靖德编:《朱子语类》,第110页。

曰:"居处恭,执事敬,与人忠",则亦所以行此心也。又曰:"求仁得仁",则以让国而逃,谏伐而饿,为能不失乎此心也。又曰:"杀身成仁",则以欲甚于生、恶甚于死为能不害乎此心也。此心何也?在天地则共块然生物之心,在人则温然爱人利物之心,包四德而贯四端者也。①

朱子在这篇《仁说》中较为详尽地道出了他对于仁的理解。首先,朱子认为仁是天地之心所具之德。其次,仁就人心的层面而言,是涵盖义、礼、智的统合体,发于外便是情。情之未发是其体;情之已发则是用。再次,仁在物中。最后,仁是可以通过诚、克己、"恭敬忠"得到和彰显的。

在略观了朱子对于仁的论述后,再看罗山关于仁的论述。罗山在他的《三德解》中,对仁有较为详细的解释。《三德解》一文是罗山在援引先儒的解释的同时,加入自己的理解而写成的。罗山在此文的最后如是解释其成文经过,他说:"纪君正盛请三德解,故揭仲尼之三言,摭先儒之格言,聊寓己意于其间,以其求之。"②可见,此文中的见解能够比较直接地反映罗山对于智、仁、勇这三德的理解。文中有下面的论述:

德者,得也。天下古今之人皆得之于心而无不通行。故谓之达德。虽一心之固有,而有偏言,有专言。若偏言则是非之心,知也;恻隐之心,仁也;刚强之心,勇也。专言则知兼仁、勇是大知也;仁贯知、勇是大仁也;勇配知、仁是大勇也。文理密察,足以有别;宽裕温柔,足以有容。自反而缩,内省不疚。皆是大矣。虽有三者之名,共本于一心。③

从这段文字中不难看出罗山对于三德之一的"仁"的理解。试比较朱子的《仁说》与罗山的《三德解》中对于仁的解释,不难看出以下的几点异

---

① (宋)朱熹:《朱子全书》第23册,第3279～3280页。

② [日]京都史迹会编纂:《林罗山文集》,第332页。

③ [日]京都史迹会编纂:《林罗山文集》,第331页。

同。首先，不论是朱子还是罗山，都将仁定义为心之德。其次，当自人心层面上讲时，朱子虽也将仁与义、礼、智相并列，但同时将仁置于了更高的理论层面；罗山似乎却只是单纯的并列。这一点从罗山对于三德的交叉组合的论述方式上亦不难看出。再次，罗山没有像朱子那样把仁提升到天地之心的层面上进行论述。在他处，罗山也多次提到仁。例如，罗山说："人道广大，而有体有用。盖本心之德是体，孝弟是用也；为仁则孝弟是体，而仁民爱物是用也。龟山以万物一体为仁，则遗体；上蔡以知觉为仁，则遗用。"①

另外，在评论宋儒对于"一日克己复礼，天下归仁"的解释时，罗山如是说：

> 一日克己复礼，天下归仁焉。伊川谓：称其仁。龟山谓：皆囿我之度内。吕与叔曰：洞然八荒皆在我闼。朱子曰：归犹与也。天下之仁皆与其仁。极言其效之甚速，而至大也。近世多依杨吕意而曰：归之者，返其宅也。吾仁还与宅，则合天下一原之。仁举返于吾宅，大虚之内有六合一体之规模。然不若伊川、朱子说得较实。②

罗山在这里列举了众先儒对于"克己复礼，天下归仁"的解释，然后作出了自己的评价。在这里似乎也能看出罗山心目中的仁并不是一个"至大"的存在。所以罗山指出杨时和吕与叔之说"不若伊川、朱子说得较实"。同时，由此也可以看出罗山对朱子理论的推崇和对朱子思想的继承。

然而，罗山对于朱子学理论的态度不仅仅是继承，为使朱子学在日本获得更加强大的生命力，罗山还在简化其理论体系上付出了诸多努力。例如，在对《论语·阳货》中"子张问仁于孔子。孔子曰：'能行五者

---

① ［日］京都史迹会编纂：《林罗山文集》，第832页。
② ［日］京都史迹会编纂：《林罗山文集》，第833页。

于天下为仁矣。''请问之。'曰:'恭、宽、信、敏、惠。恭则不侮,宽则得众,信则人任焉,敏则有功,惠则足以使人'"一段的解释上,朱子将"能行五者于天下为仁矣"一句与"理"相关联,说"行是五者,则心存而理得矣"[①],将践行恭、宽、信、敏、惠作为存"心"得"理"的必要条件,最终将理论的焦点引向了"理"这一形而上的范畴。与朱子的这一解释不同,罗山将之简单地解释为"此五事称为仁"[②]。可见,在这里,罗山也将"此五事"与仁直接画上了等号,简化了对仁的理解。仁是孔子思想的一个重要核心,也是儒学中最为重要的范畴之一。朱子通过对仁的论述,将他的理学观念开显于心性理论之中,使朱子学宇宙论中的本源性存在"理"亦为心性论提供了终极依据。相对于朱子心性论的这一特点,罗山却通过将孝和恭、宽、信、敏、惠等与仁直接关联,将仁的概念具体化、实在化,加强了仁在实践层面上的意义。

其次,关于"仁"之本的"孝"。朱子在注释《论语·学而》中"孝弟也者,其为仁之本欤"一句时,引用程子之说"为仁以孝弟为本,论性则以仁为孝弟之本"[③],认为将"孝弟"作为"行仁之本,则可;谓是仁之本,则不可"[④]。朱子在这里将"仁"和"行仁"的概念作了明确的区分,认为虽然孝悌是践行"仁"的开端,但却不是"仁"这一范畴的根本;相反,若自"性"上着眼时,"仁"是孝悌之根本。朱子之所以如是说,是因为他认为:"仁是性,孝弟是用。用便是情,情是发出来底。论性,则以仁为孝弟之本;论行仁,则孝弟为仁之本。"[⑤]也就是说,如果从体用的角度看仁与孝悌之间的关系,便可以认为仁是性的体现,是本体;而孝悌则是仁体发用出来后的表征,属于"用"的层面上的概念。所以可以说,仁是体、孝悌是用。

---

① (宋)朱熹:《朱子全书》第6册,第220页。
② [日]石田一良等校注:《日本思想大系》第28卷《藤原惺窝·林罗山》,第119页。(龚颖译)
③ (宋)黎靖德编:《朱子语类》,第471页。
④ (宋)朱熹:《朱子全书》第6册,第68页。
⑤ (宋)黎靖德编:《朱子语类》,第471～472页。

罗山在《春鉴抄》中也曾对《论语》中的“孝弟也者，其为仁之本欤”[①]一句加注，曰：“关于仁之道，圣人孔子也说过很多，他认为孝行之道是仁的开端，是根本。”[②]可见，罗山在此并没有过多地区分“仁”与“行仁”的概念，将孔子的“为仁”视为“仁之道”，更从实际践行的角度上着眼，认为“孝行之道”便是“仁”的开端，同时也是“仁”的根本。比较朱子与罗山的解释不难看出，相较于朱子将《论语》之说向理论高度发展的倾向而言，罗山更注重其实用性，在实践层面对其加以引申。此外，罗山在《春鉴抄》中如是说：“孝就是侍奉父母，遵从他们的意愿。”[③]另外，在《三德抄》(刊行年代不详，有人说是 1631 年)的《理气辩》中，罗山对“孝”作了更为详细的论述。他说：“孝敬双亲是心之理。如果对双亲表现出愤怒，这便是血气之私。一定要从这里领会理与气的判别。”[④]罗山在这里直言“孝敬双亲是心之理”，无疑是一种对朱子理论的简单化处理，是跨越了朱子的“情”和“性”的概念后将“孝”与“理”的直接对接。朱子认为，“理”与“气”相结合下贯于人和物时，便表现为在人在物之“性”，这个“性”发用出来后便是“情”，而孝悌则是“情”的表现之一。罗山所作的这种直接对接在论理的严密性等方面不无问题，但是对于简化理论，促进理解却是有所帮助的。

再次，关于“义”。在朱子的著述中，关于“义”的论述有很多，其中的“善善恶恶为义”[⑤]一句说得最为直接。这句话的意思是：以善为善、以

① 《论语·学而》，(宋)朱熹：《朱子全书》第 6 册，第 68 页。

② 转引自龚颖：《林罗山对朱熹学说的接受与改造》，黄俊杰编：《中华文化与域外文化的互动与融合(一)》，(台北)喜玛拉雅研究发展基金会 2006 年版。(原文见[日]石田一良等校注：《日本思想大系》第 28 卷《藤原惺窝·林罗山》，第 119 页)

③ 转引自龚颖：《林罗山对朱熹学说的接受与改造》。(原文见[日]石田一良等校注：《日本思想大系》第 28 卷《藤原惺窝·林罗山》，第 119 页)

④ 转引自龚颖：《“似而非”的日本朱子学——林罗山思想研究》，第 111 页。(原文见[日]石田一良等校注：《日本思想大系》第 28 卷《藤原惺窝·林罗山》，第 164 页)

⑤ (宋)黎靖德编：《朱子语类》，第 120 页。

善待善，以恶为恶、以恶待恶的行为便是义举。罗山继承了朱子的这一理论，说："人心公平正大，不掺杂丝毫人欲之私，以义理为义理，这就是义。"[①]无疑，这里罗山所说的"义理"应该是"善"的，所以可以将罗山的"以义理为义理"一句理解为以善为善，这便是朱子的"善善"了。对于"善"如此，对于"恶"亦然。以不掺杂丝毫人欲之心"公平正大"地对待每一件事，这就是"善善恶恶"，就是"义"了。据此看来，罗山在关于"义"的论述上很好地继承了朱子的观点。但是，与朱子喜好将理论引向精致缜密的倾向相反，罗山每每都将概念解释得更为通俗。这一特征在关于"义"的论述上也没能例外。罗山在《春鉴抄》中解释了"义"的含义后，遂将"义"的概念更加具体化，列出了十义。他说："所谓十义，就是首先有十个方面的义，那就是父子、兄弟、夫妇、长幼、君臣的十个义。"[②]且不论罗山的这一做法是否有不妥之处，对于入门者来说，这种具体的表达形式无疑是更为浅显易懂的。

最后，关于"礼"。朱子是这样定义"礼"的："礼者，天理之节文，人事之仪则也。"[③]在定义"礼"时，朱子依然采用了他惯用的上及天理、下通人伦的理论模式。而罗山则援引《礼记》中"所以示后世有尊卑长幼之序也"[④]的说法，说："所谓'礼'就是'尊卑有序'、'长幼有序'。"[⑤]在解释了"礼"的概念后，罗山再将之具体化，说："大的有礼仪三百条，小的威仪举止行为有三千条。"[⑥]可见，罗山将概念具体化的理论倾向同样也表现在他对"礼"的解释上。

从上述引文中不难看出，在论述仁、义、礼等"性"的下位概念时，虽

① [日]石田一良等校注：《日本思想大系》第28卷《藤原惺窝·林罗山》，第127页。（龚颖译）
② [日]石田一良等校注：《日本思想大系》第28卷《藤原惺窝·林罗山》，第128页。（龚颖译）
③ （宋）黎靖德编：《朱子语类》，第101页。
④ 《礼记·乐记》，（宋）朱熹：《朱子全书》第3册，第996页。
⑤ [日]石田一良等校注：《日本思想大系》第28卷《藤原惺窝·林罗山》，第131页。（龚颖译）
⑥ [日]石田一良等校注：《日本思想大系》第28卷《藤原惺窝·林罗山》，第132页。（龚颖译）

然罗山与朱子的基本观点无异，但却表现出了不同的倾向性。如果说朱子是通过创造性地解释先人的语言来发表自己的观点，并将其心性论观点引向理论构架上的精致的话，那么罗山表现出的倾向则是在实践层面上对理论和概念作出更为通俗化、具体化的解释，使人能够更为直观地理解并接受其中的教义。对于罗山思想的这一特点之成因，笔者将在本章结尾处专设一节试加详论。

## 二、性与气之关系

为了给形而上的"性"找到一个安顿之处，与论"理"时一样，朱子亦将"气"的概念导入进来。朱子说："人物之生，同得天地之理以为性，同得天地之气以为形。"[①]又说："天以阴阳五行化生万物，气以成形，而理亦赋焉。"[②]朱子还曾说："性只是理，然无那天气地质，则此理没安顿处。"[③]又说："气不可谓之性命，但性命因此而立耳。"[④]可见，朱子在这几句话中都强调了"气"的重要性。形而上的"性"若离开了"气"或者说"天气地质"，便不成其"形"，同时也就失去了栖身之所、安顿之处。不仅如此，"气"之概念的导入还解释了人与物、人与人之间在"性"的表现上的差异以及人性当中"恶"的出处问题。

首先，禀气之不同造成了"性"之表现的差异。人与物同禀一个天理而来，其"性"自然也应无异。然而，包括人与物、人与人以及物与物在内的宇宙万有之间为何又呈现出如此纷繁的多样性呢？朱子如是说："人物之生，同得天地之理以为性，同得天地之气以为形；其不同者，独人于其间得形气之正，而能有以全其性，为少异耳。虽曰少异，然人、物之所

① （宋）朱熹：《朱子全书》第6册，第358页。
② （宋）朱熹：《朱子全书》第6册，第32页。
③ （宋）黎靖德编：《朱子语类》，第66页。
④ （宋）朱熹：《朱子全书》第23册，第2688页。

以分实在于此。”[①]也就是说，虽然人与物同禀一理，但是因为有了气的介入和所得气的不同，就有了能否“全其性”的差别。能得“形气之正”者就是人，而禀受了与这个“正”稍有差异的气便成了飞禽走兽，便成了世间各不同的万物。即便是同禀“形气之正”而来的人，也会因这股正气的清浊之别，而显示出人与人之间的差异性。朱子说：“有是理而后有是气，有是气则必有是理。但禀气之清者，为圣为贤，如宝珠在清冷水中；禀气之浊者，为愚为不肖，如珠在浊水中。”[②]就是说禀清气者能够将本性的光芒展现得淋漓尽致，这样的人就是圣贤；而禀浊气者则会将本性的光芒遮蔽住，从外面看时呈昏暗状，体现在人身上就是愚昧了。在此，朱子通过所禀之气的正邪、清浊解释了“性”之表现的差别性。

罗山也曾将“气”引入其中，从另外的角度解释孟子关于“性”之差异的论述。罗山说：

> 然孟子曰：“犬之性犹牛之性，牛之性犹人之性欤。”孟子之论性，多说本源，此答告子“生之谓性”而然乎。朱子以为：知觉运动，气也；仁义礼智，理也。气者人与物相同，而理者物不得而全也，然则斥其明通与昏塞而言乎。不然，则天地人物理岂有二乎？性岂有异乎？[③]

罗山对孟子提出的“犬的性与牛的性相同，牛的性与人的性相同吗”的设问解释说：孟子论性是就性的本源而言的，是用来驳斥告子的“生之谓性”的说法的。随即，罗山引用了朱子的论述，说知觉、运动是气，仁、义、礼、智是理。就能知觉、能运动而言，人和物是一样的，所以可以说人与物所禀之气是相同的。而人、物之别是因为物未能在理与气结合之后，将包括仁、义、礼、智等在内的“理”的全部显现出来。既然说“天地人物”的理是相同的，也就是说性是相同的，再加上前面所说的气也是相同的

① (宋)朱熹：《朱子全书》第6册，第358页。
② (宋)黎靖德编：《朱子语类》，第73页。
③ [日]京都史迹会编纂：《林罗山文集》，第345页。

这一点，那么人、物之差异就必须从气的“明通与昏塞”上来说了。不难看出，这里罗山是通过设问与反问的方式释明了他心中对于“性即理”这一命题的理解。犬、牛、人确实各不相同，但是他们所禀的理是相同的，因为承认了“性即理”一说的正确性，所以可以说他们的性也是相同的。那么，孟子所谓的他们的性各不相同一说则是有问题的。为什么会有犬、牛、人之间的差异呢？罗山认为，这并非是他们本身所具有的性的不同所致，而是因为物（动物，即犬、牛）不能将它们得到的“理”充分展现出来，使“理”“全”，使“理”尽显于外。罗山在这里所表达的观点，应该是根据朱子在《孟子集注·告子上》中注解“然则犬之性犹牛之性，牛之性犹人之性与”时的论述展开的。朱子的原文如下：

> 人物之生，莫不有是性，亦莫不有是气。然以气言之，则知觉运动，人与物若不异也；以理言之，则仁义礼智之禀，岂物之所得而全哉？此人之性所以无不善，而为万物之灵也。[①]

可见，虽然罗山将朱子的以“以气言之”和“以理言之”为论述角度的说明置换成了“气也”和“理也”的判断句式，但就整体的理论内涵而言，他基本上忠实地继承了朱子的观点。当然，在这里应该认为罗山和朱子所说的理、性和气都是就其发用而言的。所以才有了性不同而气无异的说法。

其次，禀气之不同使人性当中出现了“恶”。如上所述，“气”之概念的导入，确实为“性”找到了安身之所，但是也正因为有了这个有清浊之别的“气”的介入，才使得禀“理”而来的、本应纯然至善的“性”中出现了“恶”。朱子认为：“天地间只是一个道理，性便是理，人之所以有善，有不善，只缘气质之禀各有清浊。”[②]也就是说，气的清浊不但造成了人的贤愚之别，也使世间有了善恶之分。然而，如若直接将“恶”置于“性”中，则

---

① （宋）朱熹：《朱子全书》第6册，第396页。

② （宋）黎靖德编：《朱子语类》，第68页。

会出现诸多论述的不便之处，也会直接影响到前文所述的“性即理”之论断的严谨性。

为解决这一问题，朱子依然自“气”上着手，继承并发展了张载“天地之性”及“气质之性”的论述，对“性”做了分类。朱子说：“论天地之性则专指理言，论气质之性则以理与气杂而言之。”①依朱子所说，因为天地之性是专指理的，所以无疑是至善的。而在理中加入了有清浊之分的气之后，所谓的气质之性就有了善恶之别。朱子进一步对“天地之性”及“气质之性”作出解释说：“人具此形体，便是气质之性，才说性。此‘性’字是杂气质与本来性说，便已不是性。”②也就是说，因为人本就是理与气相合之后的产物，所以所谓人的“性”指的就是“气质之性”而非“性”的本体和全部。那么，所谓的“天地之性”或者说“天命之性”又是什么呢？朱子进一步解释说：“所谓‘天命之谓性’者，是就人身中指出这个是天命之性，不杂气禀者而言尔。若才说性时，则便是夹气禀而言，所以说时，便已不是性也。”③就是说，尽管不易言说，但是天命之性确实存在于人的身体之中，此天命之性是未与气相杂的存在，是纯然至善的“理”下贯于“人身”后而未与气相杂时的状态。既然如此，便可理解为，天命之性虽存在于得气成“形”的人体之中，但又不与此气相杂。朱子说：“未有此气，已有此性；气有不存，而性却常在。虽其方在气中，然气自是气，性自是性，亦不相夹杂。”④可见在朱子处，性，即天命之性虽然存在于气之中，但却彼此独立，不相混杂。同时，性相较于气还是一个形而上的存在体，其存在并不依附于作为其载体的气的存亡，就是说在有气之前便已然有了性，而在气亡之后性也依然存在。不过，虽然说性与气彼此独立，

① (宋)朱熹：《朱子全书》第23册，第2688页。
② (宋)黎靖德编：《朱子语类》，第2431页。
③ (宋)黎靖德编：《朱子语类》，第2431～2432页。
④ (宋)黎靖德编：《朱子语类》，第67页。

但两者并不是相互孤立的，而是一种相互依存的共同体关系。朱子说："'性气'二字，兼言方备。"[①]又引程子语说："论性不论气，不备；论气不论性，不明，二之则不是。"[②]也就是说，在说到性与气的其中一方时，必须言及另一方才能说得更加完备和明确。这里朱子通过明确性与气的这种关系，不仅使得他心性论的理论体系更加缜密，也使得他的理本论思想得以与心性论相关联，从而使得整个朱子学的理论脉络更为清晰。

由上可见，在朱子学"心性论"中，将"性"分而言之，则有了纯然至善之"天地之性"和有善与不善之别的"气质之性"的区别。然而若统而言之，在朱子处"性"究竟是善的还是恶的呢？朱子明言："本原之性无有不善。"[③]又说："性即天理，未有不善者也。"[④]在明确了其性善论立场之后，朱子又对人性中的恶作了进一步的解释，朱子说："得气之清明则不蔽锢，此理顺发出来。蔽锢少者，发出来天理胜；蔽锢多者，则私欲胜。"[⑤]这里，朱子将气根据"蔽锢"的有无、多少分为三种情况：一是清明而无蔽锢者，二是蔽锢少者，三是蔽锢多者。这三种情况的气又反过来影响了"理"或"性"的彰显。当然，在天理顺利彰显或天理"胜"的情况下，于人表现出来就是"善"。反之，若"私欲胜"，其表现中自然也就会有不善的出现了。为了阐明此道理，朱子形象地比喻说："性譬之水，本皆清也。以净器盛之，则清；以不净之器盛之，则臭；以污泥之器盛之，则浊。"[⑥]然而，朱子断言无论容器之净污，水的"本然之清，未尝不在"[⑦]。也就是说，不管"性"身处何种"气"之中，"气"之清浊如何，有多少理性的发扬被

---

① (宋)黎靖德编：《朱子语类》，第1389页。

② (宋)黎靖德编：《朱子语类》，第1389页。

③ (宋)黎靖德编：《朱子语类》，第66页。

④ 《孟子集注·告子上》，(宋)朱熹：《朱子全书》第6册，第396页。

⑤ (宋)黎靖德编：《朱子语类》，第66页。

⑥ (宋)黎靖德编：《朱子语类》，第72页。

⑦ (宋)黎靖德编：《朱子语类》，第72页。

屏蔽掉，本性之善都是不会有所改变的，从而再次明确了朱子的性善论观点。可以说，朱子的性善论是基于其理学宇宙论视野对孟子的性善论作出的证明，赋予孟子先验性色彩浓厚的性善论以哲学的思辨性。

罗山在性善论上继承了朱子的思想。在《理气辩》中，罗山说：

> 人性本善，曰：恶又从何来？性之如水，本清也。入于净器，即清；入于污器，遂污；入于泥土，则浊。气者，性之容器也。气中有清有浊。且有明时、有晦时；有厚时、有薄时；有开时、有塞时。①

罗山在这里沿用了朱子论述性善的比喻来论述“人性本善”和“恶”从何而来的问题。由此看来，无论是在论述方法还是在结论上，罗山都很好地继承了朱子的观点。然而在罗山的作品中同时还有着太多关于“恶”之出处的疑惑，在此不得不提。罗山说：

> 子襟与弱冠相语曰：韦编之翼不云乎？一阴一阳谓之道。继之者善也，成之者性也。故子思曰：天命谓之性。孟子曰：性善。又曰：其情则可以为善矣。宋儒解之云：性即理也。要之，善之至则理也。理之极则善也。推广而说之，谓天下无理外之物。由是言之则善而已矣，何有恶乎？吉而已矣，何有凶乎？若本有恶，则不可谓性善也。性本善，而不有理外之物。则所谓恶出自何处哉？果理内欤，理外欤？吾侪小人也。请共行以就，学校主人而正之。②

在罗山看来，既然说“天下无理外之物”，理又是纯然至善的存在，那么“恶”与“凶”又从何而来呢？同样的困扰和疑问还表现在以下引文中。罗山说：

> 性即理也。天下无性外之物，理无不善。故孟子称：性善。是也。然则所谓恶则性外乎？性内乎？曰性外，则性外无物；曰性内，

---

① ［日］石田一良等校注：《日本思想大系》第28卷《藤原惺窝·林罗山》，第164页。（笔者译）
② ［日］京都史迹会编纂：《林罗山文集》，第387页。

> 则性本无恶。恶之所自出之本原，果其何处乎？是先儒之所未言也。岂易言哉。①

在此，罗山在首先确认了朱子性即理、性外无物、理无不善以及孟子性善论观点后，提出了他心中的疑问："恶则性外乎？性内乎？"若说恶在性外，就违背了性外无物的理论；若说恶在性内，却又与性本无恶一说相矛盾。那恶究竟从何而来呢？罗山说这是先儒所未曾说明的事情，所以是不容易解释清楚的。同样的疑问还体现在下面的引文中，罗山说：

> 性善也，性即心之理也。天下无性外之物，又无理外之物。若信斯言，则所谓恶来自何处耶？若不理会此，则于告子、荀扬之论性，而未能解惑。②

显然此处也表现出了罗山对于"恶"之出处的不解，同时指出了此问题在论性时的重要性。罗山认为这是不可不谈的，否则就会像告子、荀子、扬雄的论述一样不能"解惑"了。

由上述引证中不难看出罗山在此问题上的困惑之深。当然，罗山有的不仅仅是困惑，更有他独具特色的摸索。下面的引文便是最好的证据。罗山说：

> 天地万物自理出。然则恶亦自理中出来乎？理者，善而已矣。曷尝有恶来？然则恶之所出，果何哉？我心既知所谓恶，是何心哉？于是性善诚可见也。然非大贤者，即不能共语此。③

与上面的引文几乎相同，罗山在此也首先提出了"恶"的出处的问题。然而不同的是，这里不问恶的出处是"性"的内还是外，而是直接从"理"上寻觅恶的出处。罗山认为既然天地万物都从理派生出来，那么恶也不应例外。但是，理是纯然至善的，又哪会有恶呢？那么，恶究竟从何而来

---

① [日]京都史迹会编纂：《林罗山文集》，第834页。

② [日]京都史迹会编纂：《林罗山文集》，第928页。

③ [日]京都史迹会编纂：《林罗山文集》，第841页。

呢？问题依然存在，但是同时有一点却不容忽视，那就是知晓恶的“心”的存在。既然心能够辨别善恶，那么“性”之善就不难发现了。初看罗山的此段文字时，“于是性善诚可见也”的结论之出现难免会给人以唐突之感觉，从而使整段论述变得有点难解。但是笔者却认为，正是这段貌似难解的论述给释明罗山心中恶之出处的问题提供了线索。回顾朱子对于恶的来源的解释时可以发现，朱子是通过导入“气”的概念，并进而定义出一个“气质之性”的做法来解决此问题的。而罗山之疑问的产生就恰恰是因为没有导入这个“气”的概念。再次分析上面的引文便可发现，罗山在讲完“理”与“心”之后，突然提出了“性”。虽然此处罗山没有明言，但似乎可以这样推论：纯然至善之“理”在下贯于“心”时便有了“性”。那么“性”就成为连接“理”与“心”的概念纽带。同时，因为“理无不善”，但心中却能够感知“恶”，所以恶的出处就应该存在于“理”和“心”的中间环节——“性”上。但是出于对于“性即理”一说的持守，罗山在这里似乎有所顾忌，而未继续深言“性”与“理”的不同之处。但是即便如此，欲寻“恶”之出处，需从“性”上入手的倾向性已经了然于字里行间了。虽然罗山最终没有将“气质之性”的概念导入，并以之来解释恶之所出，但是似乎也只有一步之遥了。然而，这“一步”究竟是罗山理解儒家经典的极限，还是他有意之为呢？笔者期待日后能在更为翔实的史料的佐证下，对此问题继续加以探究。

然而，关于罗山之疑问似乎并非如此简单，正如前文中所引述的那样，为什么罗山在深明“性”与“气”同“水”与“器”的关系以及朱子于“气”上寻找“恶”的来源的做法的同时，还会在恶从何而出的问题上呈现出如此之多且如此之深的困惑呢？笔者认为，虽然罗山心中的恶之出处的问题的起因可能有很多，但其根本原因应该与罗山所处的社会背景、文化背景及时代背景相关联。就此问题，笔者将在本章结尾处详述。

虽然在关于性的论述中，罗山继承了朱子的“性即理”的观点，但在关于性之善恶的问题上，罗山却表现出了诸多疑问。这些疑问均源于罗山心里对于现实中的“恶”之出处的质疑，这一质疑甚至直接影响到了罗山对于朱子理气论的接受。正如宇野茂彦(1944～)等人所言，欲细究罗山对理气二元论产生疑问的原因，就有必要关注罗山对于“恶”的出处这一问题所怀有的诸多不解。而这些疑惑的存在又或许恰恰是罗山抛弃二元论的一个重要原因。在罗山的文集中有下面的论述：

> 童子出自互乡来问曰：四端出于理，七情出于气。然喜怒发中节者何？不出于理乎？非礼之礼、非义之义何？不出于气乎？果是理本善，而气本有清浊乎？“天下无理外之物”是先儒之格言也。清与浊果是理内欤？理外欤？又曰：心统性情。原是一心也。若是四端发自理，七情发自气，还是二心也欤？请闻理气之辩。近代儒者云：理者气之条理也，气者理之运用也。果是可乎？不可乎？[①]

这是罗山文集里《问对·示恕百问》一卷中的《理气》篇的全部内容，成稿于1640年[②]，当时罗山58岁。在此，罗山假借童子之口提出了他心中的疑问。罗山一直认为，如果说“天下无理外之物”，那么因为天下有“恶”在，所以理中当然就有恶的存在了。但是，理应该是一个纯然至善的、形而上的存在，又怎么会有恶在其中呢？因为“气”有清浊之分，可以让恶有容身之处，所以如果通过“天下无理外之物”的论述，先将“气”纳入“理”中，再在“气”中寻其浊、觅其恶的话，可能会在论述上有其便利之处。在这一思想模式下，罗山抛弃理气二元，而将“气”纳于“理”内，使之归为一元的做法便不难理解了。换言之，罗山之所以采纳了阳明的理气一元论，可能是出于他在实践层面上对善、恶等概念范畴用理、气进行解释的需要，是他在理论实践中的不得已之举。

---

① [日]京都史迹会编纂：《林罗山文集》，第380页。

② [日]铃木健一：《林罗山年谱稿》，第148页。

## 第二节 心

孟子曰："仁，人心也。"[①]这里，孟子用人心来定义"仁"这个儒学中永恒的主题。可见仁不仅是以恻隐之心为其发端，同时，仁就是人心。与孟子的理解不同，荀子则把心理解为感官之心，他说："治之要在于知道。人何以知道？曰：心。"[②]所以，在荀子处的"心"不同于孟子所说之心，在荀子处的"心"不是与仁相等同的存在，而是人通晓道的一个感受器官。不仅如此，荀子认为心在人的身体之中具有至高的地位，他说："心者，形之君也，而神明之主也；出令而无所受令。"[③]

在大体了解了孟子和荀子关于心的论述之后，我们再来考察朱子对于心的定义以及罗山对于朱子之说的继承。

### 一、心之概念

朱子作为宋明理学的集大成者，对于心的论述更为具体而细致。首先，朱子认为心是人的知觉器官，他说："有知觉谓之心。"[④]那么，何谓知觉呢？朱子说："知者，因事因物皆可以知。觉，则是自心中有所觉悟。"[⑤]所以可以说，心是具有双向性的，即向外可以感知事物，向内能有所觉悟。虽然就"知"这一点而言，心是借耳目才实现的，但是心所具有的可以觉、可以思的功能却是其他感官所不具有的，所以心可以不为外

① 《孟子・告子上》，(宋)朱熹：《朱子全书》第6册，第405页。

② 《荀子・解蔽》，(清)王先谦撰，沈啸寰、王星贤点校：《荀子集解》，《新编诸子集成》本，第395页。

③ 《荀子・解蔽》，(清)王先谦撰，沈啸寰、王星贤点校：《荀子集解》，《新编诸子集成》本，第397页。

④ (宋)黎靖德编：《朱子语类》，第3340页。

⑤ (宋)黎靖德编：《朱子语类》，第1363页。

物所蒙蔽。朱子说:“耳目之官不能思,故蔽于物。”[①]而与之相对,“心则能思,而以思为职,凡事物之来,心得其职,则得其理,而物不能蔽”[②]。就是说,心可以通过“思”来获取在物之理,这同时也是心的本职之所在。从上述朱子对于心的功能的解说中不难看出朱子对心的重视度之高。尽管人们常以“理学”命名朱子之学,并以“心学”与之相对,朱子在关于“心”的论述方面却独具精到之处。钱穆(1895～1990)先生就曾说过:“理学家中善言心者莫过于朱子。”[③]诚然,在宇宙论方面,与“气”相比朱子更加重视“理”,但是就人生论而言,朱子论“心”远胜于“性”,正所谓“心统性情”。朱子论“心”既不同于孟子,也不同于荀子,他认为“心”是人的神明之所在,是具众理之处,亦有应万事之用。他说:“心者,人之神明,所以具众理而应万事。”[④]然而,心的重要性远不止如此,心还是身体的主宰。朱子说:“心,主宰之谓也。”[⑤]“视听浅滞有方,而心之神明不测,故见闻之际必以心御之,然后不失其正。”[⑥]也就是说,虽然目能视、耳能听,但是还是需要用心来驾驭和辨别见闻,从而使其“不失其正”。不仅如此,无论在何种状态下心作为主宰的地位都是不会有所改变的,也就是所谓的“动静皆主宰”[⑦]。

尽管如是说,有一点却是必须明确的,那就是这里所谓的“主宰”也不过是人在认识“理”、在知“道”的过程中的主宰,而不是整个宇宙的主宰。因为在朱子的理学体系中,只有形而上的理才是世间万物的主宰,这一点是不容撼动的。朱子明言:“心固是主宰底意,然所谓主宰者,即

---

① (宋)黎靖德编:《朱子语类》,第1414页。
② (宋)朱熹:《朱子全书》第6册,第407页。
③ 钱穆:《朱子学提纲》,三联书店2002年版,第44页。
④ (宋)朱熹:《朱子全书》第6册,第425页。
⑤ (宋)黎靖德编:《朱子语类》,第94页。
⑥ (宋)朱熹:《朱子全书》第22册,第1815页。
⑦ (宋)黎靖德编:《朱子语类》,第94页。

是理也。"[①]而之所以又说"心"是主宰,是出于心与理的关系。朱子说:"不是心外别有个理,理外别有个心。"[②]正因为心和理的这种统一关系,所以才可以将心称为"主宰"。

此外,在朱子的视野中,"心"不是一个静态的存在,而是有动与静、已发与未发之不同状态的。朱子说:"一心之中自有动静,静者性也,动者情也。"[③]这里朱子在区分了心具有的静与动的不同状态后,将"性"与"情"导入进来,为他"心统性情"的论述做了铺垫。同时,就心与动、静的关系,朱子说:"心则贯乎动静而无不在焉。"[④]也就是说,动与静只是心所具有的不同状态,无论在静时还是动时,心的存在都不会有所改变。而且,即便心有不同的状态,其作为"主宰"的地位也是不容撼动的。朱子说:"心,主宰之谓也。动静皆主宰,非是静时无所用,及至动时方有主宰也。"[⑤]从上述引文中不难看出,朱子在讲心时,时刻都将心所处的状态纳入论述之中。正因为如此,朱子对于心的把握也就变得愈发具体和系统。

进而,朱子又将心的动、静与已发和未发相联系,展开了以下的论述。朱子说:

> 未发只是思虑事物之未接时,于此便可见性之体段,故可谓之中,而不可谓之性也;发而中节,是思虑事物已交之际,皆得其理,故可谓之和,而不可谓之心。心则通贯乎已发未发之间,乃大易生生流行,一动一静之全体也。[⑥]

就是说,当心未与外物相交汇时,不思不虑处于静态之中,尽管不是所谓

---

① (宋)黎靖德编:《朱子语类》,第4页。
② (宋)黎靖德编:《朱子语类》,第4页。
③ (宋)黎靖德编:《朱子语类》,第2513页。
④ (宋)朱熹:《朱子全书》第22册,第1852页。
⑤ (宋)黎靖德编:《朱子语类》,第94页。
⑥ (宋)朱熹:《朱子全书》第22册,第1967页。

的性本身，但是可以体现出本然之性；而当心与事物相交汇时，心为了获得理，便开始了思考，转入了动态之中，但此时这个处于动态的心也只是心所处的一种“发而中节”的状态，而不是心的全部。

在将心的动、静与已发和未发相关联后，朱子又进一步将心的这两种状态与心的“体”“用”相联系。他说：“心固不可不识，然静而有以存之，动而有以察之，则其体用亦昭然矣。”[①]就是说心在动、静之中就将其“体”和“用”彰显出来了。那么何时是“体”，何时是“用”呢？朱子明言：“心有体用，未发之前是心之体，已发之际乃心之用。”[②]可以认为，这个未发之前的“心”是本体论上所说的作为其本体存在的状态，即“寂然不动”的“性”之本体；而“已发之际”则是指心的发扬或作用，可理解为“感而遂通”之情。

在大体了解了朱子关于心的论述之后，下文中将继续分析罗山对心的定义以及对朱子之说的继承。

罗山在关于心的论述上较好地继承了朱子的观点。罗山说：

> 如果要将喜、怒、哀、惧、爱、恶、欲分辨讲清的话，要先说人心是广大无边的，是像天那样虚空的。心是能思想千年万年之久的心，能思想千里万里之远的心。心知道一切万物之理。心虽说是如此广大之物，但它具于人身之内而不在人身之外。这样的心，一念未起之时，是静、正、平、明的。遇到应当高兴之事则喜……有应当祈望之事则祈望，这就是心之用。[③]

这一段文字不仅反映了罗山对朱子“心者，人之神明，所以具众理而应万事”[④]这一经典论述的继承，更可以从中看出罗山在论心时，与朱子一

① （宋）朱熹：《朱子全书》第 23 册，第 2660 页。

② （宋）黎靖德编：《朱子语类》，第 90 页。

③ ［日］石田一良等校注：《日本思想大系》第 28 卷《藤原惺窝 · 林罗山》，第 181～182 页。（龚颖译）

④ （宋）朱熹：《朱子全书》第 6 册，第 425 页。

样，也对心所处的状态进行了分析，从心的动、静，已发、未发和体、用的不同角度上对心予以了审视，这无疑都是对朱子理论的积极继承。罗山认为，人心虽位于人的身体之内，但同时是“广大无边”的，是“虚空”的。就是因为这种广大和虚空，心才可以在时间和空间的跨度上纵情驰骋，可以通晓所有的在物之“理”。心同时还有动、静，已发、未发的不同状态，心又在这些不同的状态之下，将其体、用，将其性与情彰显了出来。

关于心，罗山还有如下的言论。罗山说：“故人之所生之时，太虚与气化相合。具形时则有性之名生。具此性，而形之动时，心之名生也。”[①]这里引的是张载之语，没有什么问题。然而紧接着上面的叙述，罗山又说：“此太虚、道、性、心之四物，虽各有其名，然其理元为一也。”[②]即便说这里罗山用理来统合太虚、道、性、心尚无问题，但将这四者置于同一理论高度的做法似乎还是有异于朱子的。与此相同，将心的范畴与其他概念相等同的言论还可从下述引文中窥得。罗山说：

> 心中有善恶否？曰：心本善也。曰天命、曰义理、曰性、曰心，皆一也。[③]

> 世人惟惑于玉皇大帝，而不知理之所主之在我也。见苍苍之在上，而不见理之所出之在我也。非苍苍之上别有一人以为主宰，而我心之帝有在矣；非啻苍苍之正色以为形体而已，而我心之天亦有在矣。故在天曰天曰帝，在人曰心曰性，故云：帝也、天也、性也、心也，通古今、亘万世而一也，天人亦一也，理一也。[④]

> 天者，性理道义之所由出也。天也、心也、性也、道义也，一也。[⑤]

---

① [日]石田一良等校注：《日本思想大系》第28卷《藤原惺窝・林罗山》，第171页。（笔者译）

② [日]石田一良等校注：《日本思想大系》第28卷《藤原惺窝・林罗山》，第171页。（笔者译）

③ [日]石田一良等校注：《日本思想大系》第28卷《藤原惺窝・林罗山》，第168页。（笔者译）

④ [日]京都史迹会编纂：《林罗山文集》，第266～267页。

⑤ [日]京都史迹会编纂：《林罗山文集》，第316页。

在这里，罗山分别将“心”与天命、义理、性，以及帝、天、性，还有天、性、道义等同了起来。无疑，这些都是前文中所述罗山从统一论出发对朱子学理论加以理解之倾向的展现，是罗山思想体系的一大特点。若暂不论罗山思想和朱子思想的差异，而仅就罗山思想之本质特点来说的话，罗山此处一句“天人亦一也”将儒学作为天人之学的特色展现得淋漓尽致。也就是说，罗山的统一论倾向尽管有时会将某些概念简单化，使其有失严谨，但是有时却也能统括天人、贯通天人，无形中暗合于儒学之精髓处。

## 二、心理关系

如上所述，心是“具众理”之处。那么，心与理的具体关系如何呢？

在朱子处，理是形而上的最高范畴，而万物皆由理与气结合后生化而来。心为一物，当然亦不应例外。就心与理、气之间的关系，朱子举烛火之例如是说：

> 问：“知觉是心之灵固如此，抑气之为邪？”曰：“不专是气，是先有知觉之理。理未知觉，气聚成形，理与气合，便能知觉。譬如这烛火，是因得这脂膏，便有许多光焰。”问：“心之发处是气否？”曰：“也只是知觉。”[①]

朱子认为知觉是心之灵明，也是理和气共同作用下的产物，当这个知觉之理与气相交汇后方才生出知觉之“火焰”。心也与之相似，在其发扬之时所体现出的同样并非只是气，而是理与气结合后的表现，也就是所谓的“知觉”。就理与气在知觉中的不同表现，朱子说：“所觉者，心之理也；能觉者，气之灵也。”[②]也就是说，心之所以能够有所知觉，是因为虚灵之

---

① （宋）黎靖德编：《朱子语类》，第 85 页。

② （宋）黎靖德编：《朱子语类》，第 85 页。

气的作用，但是这个虚灵之气的能知能觉的所以然之故则在“心之理”。在说明了心与理、气之间的关系后，有必要再就心与气的关系加以论述。朱子说：“心者，气之精爽。”[①]朱子的这句话，或许不应理解为心是气中好的一部分，而应理解为心所以能够知觉是得益于获得了气的精爽之处。

在明确了朱子在心与理、气之间的理论后，下文中继续考察罗山的相关论述。

就心的生成，罗山如是说：“只是理，难以发挥作用。理与气结合成为心，就能不断地发挥作用。”[②]无疑，这是罗山对于朱子理论的继承，让形而上的“理”与形而下的“气”相结合给出了“心”存在的所以然之故，同时也使“心”有其形，可以发其用。这一论述不仅道出了“心”的生成与作用，更表明了罗山作为理学家以“理”作为其宇宙本体论最高范畴的理本论观点。与之相同的观点还可以在以下的论述中窥得。罗山说：“此理与气相合，谓形之主体为心。此心原为太极之理，与天同，犹如虚空无色无声，唯善是存，而无毫厘之恶也。”[③]罗山在这里不仅再次说明了“心”是理气结合的产物，而且从理的角度上说明了“心”之“虚空”和“善”的特点。

然而同时，在同一篇文章《三德抄》中，罗山却又有这样的论述，他说：“曰理即我心也。心外无理，穷于理则无不审之物，可疑之物亦自无可存。”[④]若仅就此句来看，似乎罗山在这里采纳了阳明的“心即理”的观点，无疑这与朱子的观点迥异。但是应该看到的是，罗山的这一论点是在讲“穷理”的语境下提出的，或者可以说“心即理”只是为后续的“穷理”

---

① (宋)黎靖德编：《朱子语类》，第 85 页。

② [日]石田一良等校注：《日本思想大系》第 28 卷《藤原惺窝・林罗山》，第 164 页。(龚颖译)

③ [日]石田一良等校注：《日本思想大系》第 28 卷《藤原惺窝・林罗山》，第 162 页。(笔者译)

④ [日]石田一良等校注：《日本思想大系》第 28 卷《藤原惺窝・林罗山》，第 153 页。(笔者译)

所做的铺垫。但是应该承认，罗山在某些理论上确实有调和朱子及阳明之说的倾向。

在上述“心”与“理”的关系的论述当中，罗山提到心具有“善”的特点。若从心禀天理而来这一点上讲，确实如此。但是，这里又会出现一直以来困惑着罗山的那个“恶”从何来的问题。那么，朱子是如何在“心”的角度上解释这一问题的呢？下文中将就朱子关于“人心”与“道心”的论述稍加概述。

## 三、人心与道心

为了与天地之性和气质之性相呼应，朱子又根据论述的角度和心所知觉的对象的不同，将心分为了人心与道心。关于论述的角度，朱子说：“只是这一个心，知觉从耳目之欲上去，便是人心；知觉从义理上去，便是道心。”[①]朱子在这里首先说明了人心与道心的统一性，之后又将其区别说成是论述角度的不同。也就是说，从耳目等人欲的角度上说的心是人心；而从“义理”的角度上论说心，这心便是道心了。关于知觉的目的，朱子说：“道心是知觉得道理底，人心是知觉得声色臭味底。”[②]就是说，道心与人心知觉的对象是有所不同的，相对于以道理为知觉对象的道心来说，人心知觉的对象却是“声”“色”“臭”“味”这些具体的存在。

由此遂不难推论出，作为以道理为知觉对象的义理之心的“道心”应该是至善的，而以感官为知觉对象的人欲之心的“人心”之中就有善恶之别了。然而，就是这样一颗“人心”却也并非一无是处。朱子说：“人心亦不是全不好底，故不言凶咎，只言危。盖从形体上去，泛泛无定向，或是或非不可知，故言其危。”[③]朱子认为，因为人心中有善有恶，所以有其危

---

① （宋）黎靖德编：《朱子语类》，第 2009 页。

② （宋）黎靖德编：《朱子语类》，第 2010 页。

③ （宋）黎靖德编：《朱子语类》，第 2009 页。

险性，但即便如此也不能说人心是“凶咎”之物。那么，怎样才能控制好这颗危险的“人心”呢？朱子以圣人为例，给出了使之去恶向善的途径。朱子说：“故圣人不以人心为主，而以道心为主。盖人心倚靠不得。人心如船，道心如柂。任船之所在，无所向，若执定柂，则去住在我。”[①]所以，如果能够以道心之舵把握人心之船，是可以驾驭人心，使之向善的，这也就是朱子所说的“‘必使道心常为一身之主，而人心每听命焉’，乃善也”[②]。

心只有一个，为何却要将之一分为二呢？出现人心与道心之不同的根源又何在呢？朱子如是说：“心之虚灵知觉一而已矣，而以为有人心道心之异者，则以其或生于形气之私，或原于性命之正，而所以为知觉者不同，是以或危殆而不安，或微妙而难见耳。”[③]也就是说，人心与道心的区别在于它们的起源上：人心生于“形气之私”，而道心则源于“性命之正”。正是由于起源的不同，人心与道心的差异也就不难理解了。就人心与道心的问题，朱子还曾说：“人自有人心道心，一个生于血气，一个生于义理。”[④]这里的血气讲的是人的生理上的欲求，也就是上面所说的“形气之私”；义理是自精神层面而言的，对应的便是“性命之正”了。

就人心和道心存在的普遍性，朱子说：“然人莫不有是形，故虽上智不能无人心；亦莫不有是性，故虽下愚不能无道心。”[⑤]在这句话中，朱子不仅揭示了人心与道心之间的相即不离的关系，更说明了这两者的存在都是具有普遍性的。也就是说，无论是上智还是下愚，因为都有其形，亦有其性，所以他们也就很自然地兼有人心和道心了。

朱子认为，人心与道心之间应该有一种主从关系的存在。正如前文

---

① （宋）黎靖德编：《朱子语类》，第 2009 页。

② （宋）黎靖德编：《朱子语类》，第 1487 页。

③ （宋）朱熹：《朱子全书》第 24 册，第 3674 页。

④ （宋）黎靖德编：《朱子语类》，第 1487 页。

⑤ （宋）朱熹：《朱子全书》第 24 册，第 3674 页。

中所引："人心如船，道心如柁。任船之所在，无所向，若执定柁，则去住在我。"[①]人心与道心之间的关系犹如船与舵之间的关系，只有正确地把握舵的方向，才能掌握船的去向，才可以使之向善，所以可以认为道心为其主，而人心为其从。同时，朱子认为两者之间还存在着先后关系。朱子说："饥食渴饮，人心也；如是而饮食，如是而不饮食，道心也。唤做人，便有形气，人心较切近于人。道心虽先得之，然被人心隔了一重，故难见。"[②]也就是说，尽管道心先于人心而为人所得，但是由于人心离得更近，或许会给人以人心先于道心的错觉。就这一点，朱子解释说："人心便是饥而思食，寒而思衣底心。饥而思食后，思量当食与不当食；寒而思衣后，思量当着与不当着，这便是道心。"[③]朱子在此所说的，无疑是以人心为先而道心在后的例子。但是，为何朱子不依照人的这种直观感受，却要强言以道心为先呢？其缘由其实是显而易见的。如前所述，基于朱子的理先气后说和"性即理"的论述，可以推论出性为先而气在后，再加之人心生于"形气之私"而道心源于"性命之正"之说，道心在前而人心在后的说法就不难理解了。另外，就人心和道心的关系，朱子还说："有道心，则人心为所节制，人心皆道心也。"[④]也就是说，如果很好地驾驭人心，并适当地对之加以节制的话，人心就可以与道心保持一致。

与朱子一样，罗山在论述中也曾多次谈及人心与道心。

在《林罗山文集》中有《问对》数篇，其中就有一篇专讲人心与道心。罗山说：

> 人心惟危、道心惟微是大舜所告禹也。共是大圣也，圣之告圣如此，则圣人有两心欤？何以分人心、道心哉？若以为天下后世众

---

① （宋）黎靖德编：《朱子语类》，第2009页。

② （宋）黎靖德编：《朱子语类》，第2011页。

③ （宋）黎靖德编：《朱子语类》，第2016页。

④ （宋）黎靖德编：《朱子语类》，第2011页。

人之训诫，姑就其善、不善而分言之，奚用不曰“人心惟不善、人心惟伪”，而曰“危”乎？奚用不曰“道心惟善、道心惟真”，而曰“微”乎？

新安九峯之谟解，人皆常谈也。若有新得者，勿为靳固惟幸。[①]

罗山首先明确了他的问题，他认为“人心惟危、道心惟微”是舜王告诫禹王的，然而因为舜和禹都是大圣人，这便成了圣人告诫圣人了。这是因为圣人有两颗心吗？又应该如何来区分人心和道心呢？如果将这一告诫理解为是舜王告诫后世之人的，就应该直接用善、不善来区分，为何却不直言“人心就是不善、人心就是伪”，而将人心说成是“危”呢？同时又为何不直言“道心是善、道心是真”，而仅说道心是“微”呢？罗山说这不仅仅是个别人的不解之处，也是经常被人们谈论的问题。罗山希望那些对此有所见解之士能够不吝赐教。可见，在这里罗山并没有采纳朱子对于人心与道心的解释，与之前谈论“天地之性”和“气质之性”时一样，他依然是以疑问的句式表明了自己心中关于人心和道心的疑问。

若说朱子将心分言为人心与道心，将性分言为天地之性与气质之性有其对应关系和理论上的连续性的话，罗山对于人心与道心、天地之性与气质之性的疑问似乎也有其连贯性。笔者认为，罗山的疑问之根基就在一个“恶”字上。道心和天地之性均禀理禀性而来，为纯然至善之物，这是与人性本善、人心本善的性善论观点相吻合的。然而，理与气相杂后产生的气质之性和从人欲上说的人心，虽然皆冠有性与心之名，但其中已有“恶”在了，这似乎与罗山主张的性善论观点有相悖之处。

## 第三节　心统性情

“心统性情”是朱子学心性论的中心之所在。朱子在“性”中区分了

① ［日］京都史迹会编纂：《林罗山文集》，第384页。

天地之性和气质之性，又将"心"分言体用，辨别了道心和人心，继而又将"心"置于动静之中、已发与未发之际，还将"情"的概念引入进来，这无疑使他的心性论变得系统严谨起来，但是同时也使他的理论体系变得更为复杂。为了进一步整合朱子学心性论的体系，明晰其脉络，朱子遂将张载的"心统性情"说引入进来，并加以发展性继承。

## 一、朱子的性情关系论及"心统性情"说

在性与情的关系上，朱熹认为性为静、为未发、为体；而情则是动、是已发、是用。同时，性与情又是一个对立的统一体，性、情为一物，其间的联系密不可分。

朱子说："静者性也，动者情也。"[①]这里表明了朱子以性为静、以情为动的观点。然而，虽然说性本身是静的，但是它却包含了可以动之理。朱子说："盖性无不该，动静之理具焉。"[②]这无疑是朱子学"性即理"说和理本论的延伸。因为性中有可动之理，所以就可以说情亦在性中了。换言之，便可说情就是性动时的表现了。朱子说："情者，性之动也。"[③]

在使性与情同静与动对应后，朱子又将未发与已发和性与情对应了起来。朱子说：

> 盖孟子所谓性善者，以其本体言之，仁、义、礼、智之未发者是也。所谓可以为善者，以其用处言之，四端之情发而中节者是也。盖性之与情，虽有未发已发之不同，然其所谓善者则血脉贯通，初未尝有不同也。[④]

因为性处于静态，所以表现出的就是内含有四端而未发于外的状态。与

---

① (宋)黎靖德编：《朱子语类》，第 2513 页。

② (宋)朱熹：《朱子全书》第 22 册，第 1900 页。

③ (宋)朱熹：《朱子全书》第 6 册，第 399 页。

④ (宋)朱熹：《朱子全书》第 22 册，第 2151 页。

之相对，情则是性中内含的仁、义、礼、智四端已然发扬于外，转化成为恻隐、羞恶、辞让、是非之后的表现了。这里朱子引孟子的性善说和四端的论法，阐明了他性为未发而情是已发的观点。

因为性表现出来的是静态的未发时的状态，而情表现出来的是动态的已发于外时的状态，所以朱子以体、用分而言之，说："性，本体也；其用，情也。"[①]这就是朱子的性体情用说。

从上述分析来看，在朱子处性与情的关系似乎是彼此对立的，但是实际上朱子在其理论中也强调两者之间的统一性和相互依存性。朱子说："四端，情也，性则理也；发者，情也，其本则性也，如见影知形之意。"[②]也就是说，四端虽然是情，但是性却是其中之理，是其存在的依据；发于外的是情，但是性却是这个情的依据，所以可以说性与情是如影随形的，不可独立存在。就这一相互依存关系，朱子说："如熹之说则性发为情，情根于性，未有无性之情，无情之性。"[③]即性与情互依互靠不可二分。而且同时，性与情的关系亦不是简单的形影关系，或者说两者本来就是一个统一体。朱子说："性、情一物，其所以分，只为未发已发之不同耳。"[④]就是说，性、情本是一物，而其区别仅仅是它们所处的状态以及表现上的不同而已。

就性与情的这种辩证统一性，朱子还说："有这性，便发出这情；因这情，便见得这性。因今日有这情，便见得本来有这性。"[⑤]也就是说，性与情其实是一个统一体，正因为有了性作为本质的存在，才有了情这一表象的显现；同时，也正因为有了情的显现，才使得人们能够体察出本质之性的存在。这里便可以认为，性是情的本质，而情是性的表征。

---

① (宋)朱熹:《朱子全书》第 24 册，第 3584 页。

② (宋)黎靖德编:《朱子语类》，第 89 页。

③ (宋)朱熹:《朱子全书》第 21 册，第 1411 页。

④ (宋)朱熹:《朱子全书》第 22 册，第 1830 页。

⑤ (宋)黎靖德编:《朱子语类》，第 89 页。

在确认了朱子认为的性和情的关系之后，再来就朱子视野中性与心的关系加以论述。

在说“心统性情”时，往往会给人以心与性概念迥异，且可以截然二分的印象。然而，在朱子的思想体系中，心、性之间的关系却并非如此简单。朱子说：“大抵心与性，似一而二，似二而一，此处最当体认。”[①]朱子告诫后学“最当体认”之处，便是心、性之间这种“似一而二，似二而一”的复杂关系。朱子认为心与性之间确实存有差异性，但是在某种程度上两者却是可以相通和统一的，这就是朱子所说的“心只是一个性”[②]。当然，心与性之间的差异性也是绝对不能抹杀的。朱子分析说：“心、性固只一理，然自有合而言处，又有析而言处。须知其所以析，又知其所以合，乃可。然谓性便是心，则不可；谓心便是性，亦不可。”[③]即：在心作为理的下位概念的角度上，可以说心与性同，然而就这两个概念本身进行分析时，就不可以将心与性相等同了。具体说来，“心与性自有分别。灵底是心，实底是性”[④]。换言之，“灵处只是心，不是性”[⑤]。就是说，有其灵明之处是心，而不是性。不仅如此，朱子还明确表明了他对阳明“心即性”这种将心与性等同起来的说法的反对。朱子说：“心即性，性即天，天即性，性即心。此语亦无伦理，且天地乃本有之物，非心所能生也。”[⑥]朱子在此将“心即性”的论断说成是不讲伦理之说，对阳明的心本论加以批判。另外，朱子还从善恶的角度上说明了心与性有不同的表现。朱子说：“心有善恶，性无不善。”[⑦]所以无不善的性与存有恶的心是不可能相等同的。

---

① （宋）黎靖德编：《朱子语类》，第 89 页。
② （宋）黎靖德编：《朱子语类》，第 475 页。
③ （宋）黎靖德编：《朱子语类》，第 411 页。
④ （宋）黎靖德编：《朱子语类》，第 323 页。
⑤ （宋）黎靖德编：《朱子语类》，第 85 页。
⑥ （宋）朱熹：《朱子全书》第 23 册，第 3403 页。
⑦ （宋）黎靖德编：《朱子语类》，第 89 页。

朱子更用比喻的方式来释明心与性的关系。他将心比喻为水，说："心如水，性犹水之静，情则水之流。"[①]就是说，性和情是心所处的不同状态，性是心之静态而已。从朱子的比喻来看，静水是水无疑，但并不是水的全部。朱子又将性比喻为馅子，说："心以性为体，心将性做馅子模样。盖心之所以具是理者，以有性故也。"[②]以此来讲性内在于心的包容关系。

如前所述，为使心性论的体系更具统合性，脉络更加清晰，朱子遂发展性地继承了张载的"心统性情"说。朱子说："性情皆出于心，故心能统之。"[③]朱子盛赞张载的"心统性情"说，谓之超越了二程及孟子等诸子，曰："心统性情，二程却无一句似此切。"[④]又云："孟子说心许多，皆未有似此语端的。子细看，便见其他诸子等书，皆无依稀似此。"[⑤]

朱子对"心统性情"中的"统"字作了两种解释：一为包括、兼具之意；一为统帅、主宰之意。

首先，朱子说："心统性情，统犹兼也。"[⑥]这里朱子将"统"释为"兼"，将"心统性情"解释为"心"中兼具性与情两个方面。朱子又进一步将"兼"解释为"包括"，说："心者，兼性情而言。兼性情而言者，包括乎性情也。"[⑦]既然"心"中包含了性和情，自然也就具有了性之静和情之动。朱子说："一心之中自有动静，静者性也，动者情也。"[⑧]

其次，与"兼"或"包括"不同，朱子又将"统"解释为"主宰"和"统帅"

---

① （宋）黎靖德编：《朱子语类》，第 93 页。
② （宋）黎靖德编：《朱子语类》，第 89 页。
③ （宋）黎靖德编：《朱子语类》，第 2513 页。
④ （宋）黎靖德编：《朱子语类》，第 2513 页。
⑤ （宋）黎靖德编：《朱子语类》，第 2550 页。
⑥ （宋）黎靖德编：《朱子语类》，第 2513 页。
⑦ （宋）黎靖德编：《朱子语类》，第 475 页。
⑧ （宋）黎靖德编：《朱子语类》，第 2513 页。

之意。朱子云:“统是主宰,如统百万军。”[①]这里“统”被视为“主宰”。朱子解释说:“心宰则情得正,率乎性之常而不可以欲言矣;心不宰则情流而陷溺其性,专为人欲矣。”正是因为有了心的主宰,情才可以得性之正与善;而如果没有了心的把持,情就会流于人欲,蔽锢性本有的善的光芒。同时,心作为主宰的地位是实在的,是不容造次的。朱子说:“心之为物,实主于身,其体则有仁义礼智之性,其用则有恻隐羞恶恭敬是非之情,浑然在中,随感而应,各有攸主而不可乱也。”[②]也就是说,心之体为仁、义、礼、智之性,心之用为恻隐、羞恶、恭敬、是非之情,心的体与用皆内在于心中,在感应外物时自然流露于外,这些均是心主宰身体的表现。朱子还说:“性者,心之理。情者,性之动。心者,性情之主。”[③]由此也不难看出心对于性情的主宰地位。同样的观点还表现在以下言论中。朱子说:“性以理言,情乃发用处,心即管摄性情者也。”[④]又说:“性对情言,心对性情言。合如此是性,动处是情,主宰是心。”[⑤]自以上引述中都可以看出朱子以“主宰”“统帅”“统摄”之意来注解“心统性情”的“统”字。

通过以上两种对于“统”的解释,不难看出朱子的心统性情说的主要内容和对张载之说的继承与发展。然而,在谈及朱子的这一理论的时候,还有一点必须注意到,那就是这一思想在朱子处经历的从接触到认识,并最终得以定着的过程。朱子最初受到程颐及胡宏(1102～1161)、张拭(1133～1180)等人思想的影响,认为性是未发,而心仅仅是已发。朱子说:“《中庸》未发已发之义,前此认得此心流行之体,又因‘程子凡言心者,皆指已发而言’,遂目心为已发,性为未发。”[⑥]但是其后,朱子在思

① (宋)黎靖德编:《朱子语类》,第2513页。
② (宋)朱熹:《朱子全书》第6册,第527页。
③ (宋)黎靖德编:《朱子语类》,第89页。
④ (宋)黎靖德编:《朱子语类》,第94页。
⑤ (宋)黎靖德编:《朱子语类》,第89页。
⑥ (宋)朱熹:《朱子全书》第23册,第3130页。

辨的过程中发现了这一说法的不妥之处。在于 1169 年经历了所谓的“己丑中和之悟”后，如上所引，朱子最终在他的心性论观点中导入了“情”，并以性为未发、情为已发，再赋予心以已发、未发两态，进而以此心将性与情统括在一起，并引张载的“心统性情”一语概括出了朱子学心性论的中心之所在。

在了解了朱子的“心统性情”说之后，下文中将考证罗山对朱子这一思想的继承。

## 二、罗山对朱子学心性关系论及“心统性情”说的继承

罗山较好地继承了以“性即理”及“心统性情”说为基础的朱子学说。罗山说：

> 见到小儿将要掉进井里而感到悲哀，这是有仁心的表现。见到人之恶而憎恶它，这是义的表现。见贵人而敬，这是礼的表现。辨明是非知晓邪正，这是智的表现。所行所为皆是真实，这是有信的缘故。这就是“虚灵不昧具众理而应万事”，细分开来说的话就是：天给与人的叫作性，一身之主宰叫作心，性之用是情。“虚灵不昧”说的是心，“具众理”说的是性，“应万事”是说情。张子说“心统性情”，是也。①

比较此引文和前述朱子的心性论观点不难看出，无论是在关于仁、义、礼、智、信的解释上，还是在以“虚灵不昧”给出的“心”的定义上，以及性体情用、心统性情的心与性情的关系的表达上，罗山的心性论思想与朱子的心性论思想都保持了较高程度的一致性。下文中将展开具体论述。

关于心与性的关系，罗山如是说：

> 万物各有事，每事各具理，理乃心性也。心与性原一也，拘于形

① 转引自龚颖：《林罗山对朱熹学说的接受与改造》。（原文见日本国会图书馆藏稿本《大学》）

> 气,敝于私欲不能一之。是以圣人著《大学》书教人,欲使其心与理不二。①

可见,罗山在这里与朱子一样,也将“心”与“性”的概念作了区别对待,把“性”(或称作“心性”)作为形而上的概念,并说明了“心”之所以不能与“性”统合为一体,是因为形而下的“心”拘泥于“形气”。“心与性原一也”一说,更是与“中和之悟”之前的朱子将“性”和“心”统一在一起,仅区别其未发和已发两种状态的观点有几分神似。但是可以认为,这仅是罗山在实践层面上,教人不应使“心”蔽于私欲、悖于性、悖于理的语境中的一种论述方式而已,而“心统性情”说才是罗山心性论的基石。在《林罗山文集》中收录《心说》一文,其全文如下:

> 张明公曰:心总性情。夫性者,其理也,五常是也;情者,其用也,七情是也;气者,其运用也;意者,其所发也;志者,其所向也;念虑者,意之余也;身者,其所居也。譬如同源而有派别,如一本而有枝干也。然此心虚而无迹,故难存而易亡。唯敬则斯存,能敬则身修。此心为身主,无贵无贱,皆以修身为本。本正则性情、志气、思虑亦自正,可不敬乎?②

这里,罗山效法朱子,亦先将张载(谥号明公)的“心统性情”说导入进来,然后对“心”做了详尽的解说。罗山说性为心之理,是五常;情为心之用,是七情;气是心的运用;意是心的发用;志是心的指向;念虑是心之发用之余;身体是心的居所。就性情、志气、思虑的关系而言,它们都是以心为其本源的,虽有区别,但也只是如在同一棵树上的不同枝干而已。由此段叙述不难看出,罗山以性为体,以情为用,性为静、为未发,情则是动、是已发。同时,性与情又是一个同源而生的统一体,性、情之间有着

① [日]京都史迹会编纂:《林罗山文集》,第616页。

② [日]京都史迹会编纂:《林罗山文集》,第310页。

密不可分的联系。较之于上述朱子的心性论便不难看出，不论是从心统性情的理论的导入上，还是从心与性、情、气、身的关系上来说，罗山都忠实地继承了朱子的心性论中心思想。但是同时，必须强调的一点是在罗山的这篇《心说》中的那句“情者，其用也，七情是也”的断语。无疑，这是有异于朱子对于情的解释的。就此问题，笔者将在下文中详述。

首先，关于罗山对于“四端出于理，七情出于气”之说的肯定。

如上所引，罗山在《心说》中阐明了他情为心之用，情即七情的观点。然而在朱子学的理论中，心是理和气共同作用下的产物，那么情或七情究竟是源于理还是气呢？同时，若根据“性即理”的理论，这一问题或可置换成情是否出于“性”的问题，这便可以视为性、情关系的问题了。如上文中所述，朱子认为性为静、为未发、为体；而情则是动、是已发、是用。同时，性与情又是一个对立的统一体，性、情为一物，其间有着密不可分的联系。但是上文中并没有直接论述情是否出于性或理的问题。同时，因为所谓的性或者说天命之性是纯然至善的存在，而情是有善与不善之分的，所以若认为情就是出于性，显然有其不妥之处。为了解决这个问题，朝鲜儒学泰斗、退溪学派创始人李退溪（1501～1570）以“四端出于理，七情出于气”的论述给出了答案。罗山对退溪之说甚为赞赏，说：

> 贵国先儒退溪李滉专依程张朱子说，作四端七情，分理气辩以答奇大升。其意谓四端出于理，七情出于气。此乃朱子所云四端理之发、七情气之发也。末学肤浅，岂容喙于其间哉。退溪辩尤可嘉也。[①]

在此可见罗山对退溪能够“专依程张朱子说，作四端七情，分理气辩”之举表示出的肯定之情。他赞曰：“退溪辩尤可嘉也。”同时，也可以从中看出罗山对“四端出于理，七情出于气”之说的赞同。在他处，罗山更加明

① ［日］京都史迹会编纂：《林罗山文集》，第157～158页。

确地表达了他的这一观点。罗山说："人心中只有道理，所以仁、义、礼、智是由理而出。气有善恶，所以有七情出来。七情有善恶，四端只是善，无恶。"[①]这里，罗山再次强调了四端和七情的不同出处，并为"恶"暂时找到了源头所在。但是，同时应该指出的是，罗山对于"四端出于理，七情出于气"之说似乎也未能完全接纳，下面的引文就表现出了罗山心中的疑问："四端出于理，七情出于气。喜怒在事，则理之当喜怒者也。然则七情又出于理乎。"[②]罗山认为，因为"喜怒在事"，所以就可以说事中本就有"当喜怒者"之理。同时，因为"喜怒"就是"七情"，所以又可以认为七情也出于这个"当喜怒者"之理。简言之，就是七情出于理。那么怎能说"四端出于理，七情出于气"呢？此外，罗山对于此说的疑惑还表现在前章已作引述的那篇《理气》之中。罗山说：

> 童子出自互乡来问曰：四端出于理，七情出于气。然喜怒发中节者何？不出于理乎？非礼之礼、非义之义何？不出于气乎？果是理本善，而气本有清浊乎？'天下无理外之物'是先儒之格言也。清与浊果是理内欤？理外欤？[③]

《理气》是《示恕百问》中的一篇文章，58岁的罗山在此文中假借童子之口提出了他心中的疑问。根据"天下无理外之物"的判断，气亦应出于理，但是，气中有清浊之分，清气尚无问题，而作为不善之源的浊气从何而来呢？也是源于那个应该纯然至善的理吗？分析罗山疑问的根本之所在不难看出，在此困扰罗山的依然是"恶"之出处的问题。关于此问题，笔者将在下节中试加分析。

其次，关于罗山的情即七情说。

---

① ［日］石田一良等校注：《日本思想大系》第28卷《藤原惺窝・林罗山》，第163～164页。（龚颖译）

② ［日］京都史迹会编纂：《林罗山文集》，第832页。

③ ［日］京都史迹会编纂：《林罗山文集》，第380页。

朱子说:"四端,情也,性则理也;发者,情也,其本则性也,如见影知形之意。"[1]又说:"恻隐、羞恶、辞让、是非,情也。仁、义、礼、智,性也。心,统性情者也。端,绪也。因其情之发,而性之本然可得而见,犹有物在中而绪见于外也。"[2]可见,朱子将四端作为内在之"性"发显于"情"中之"绪"来看待。朱子的这种说法或可理解为:绪在情中,所以是情的一部分,而此绪又是四端之绪,所以便可说四端亦是情的一部分了。这就应该是朱子所说的"四端,情也"的含义了。因为七情是情,四端亦是情,所以可以说在朱子的体系中,情中除了有七情还有四端。但是,罗山在《心说》中说:"情者,其用也,七情是也。"他仅将"情者"定义为"七情是也",而未将四端置于情中。类似的叙述还可从下面的引文中看出。针对《大学》中所言"所谓修身在正其心者,身有所忿懥,则不得其正;有所恐惧,则不得其正;有所好乐,则不得其正;有所忧患,则不得其正"[3],朱子解释说:"盖是四者,皆心之用,而人所不能无者。然一有之而不能察,则欲动情胜,而其用之所行,或不能不失其正矣。"[4]朱熹将忿懥、恐惧、好乐、忧患四者视为心之用,认为对于人来讲它们是缺一不可的存在。但是哪怕是对于其中的任何一项人没有察觉到的话,私欲就会涌动,情就会占据上风,其结果就可能是不正言行的出现。罗山对朱子的这一解释赞赏有加,遂将此语直译成了日语的口语体。他说:

> 这里所说的"盖是四者"指的是忿懥、恐惧、好乐、忧患,这些都是心之用;是人所不能没有的东西。然而这四个之中只要有一个我们没有觉察发现,就会欲望萌动、情胜,实际发挥心之用时就有失正之时。明理之事就是察,必须要看上面四种情绪是否合乎理。求学之

① (宋)黎靖德编:《朱子语类》,第 89 页。
② (宋)朱熹:《朱子全书》第 6 册,第 289~290 页。
③ 《大学》,(宋)朱熹:《朱子全书》第 6 册,第 22 页。
④ (宋)朱熹:《朱子全书》第 6 册,第 22 页。

人应当着力之处就是这个察字。所谓“情胜”就是喜、怒、哀、惧、爱、恶、欲的七情取胜而夺走本心。[①]

可见，罗山在这里解释“情胜”一词时，将“情”直接与喜、怒、哀、惧、爱、恶、欲的“七情”作了等同化处理。当然，朱子此处的“情”可能亦是狭义层面上的“七情”之“情”，但未明言。

再次，罗山认为可以通过控制“七情”来使本心得以彰显。

对于“七情”之一的“欲”，罗山如是说：

欲是祈盼之心。人们祈盼的事情有的能遂愿，有的不能遂愿，有这两种情况。我们希望对父母尽孝、对君主尽忠，这些无论怎样都是能如愿的事情。……这是应当祈愿的道理。如果祈盼得到自己命中没有的富贵和长寿，那就是不合道理的祈望。……或者说即使盼望也不会遂愿的。筹划那些不能实现的愿望，祈盼那些不可能的事情，是恶人、愚人之举，应当记住这是不该有的事，如果做了不合理之事犯下罪行，那么最终会使自己毁灭。这些都是不合乎祈盼之理的缘故。[②]

在这一段话中，罗山谈及“祈盼之心”和“祈盼之理”，说作为“祈盼之心”的“欲”必须要符合“祈盼之理”才能够实现，不能有非分之想、非分之为，否则非但不能如愿以偿、满足欲望，反而可能会招致毁身之祸。这无疑是罗山应用心性理论展开的教诲。将理论层面上的道理应用于实际当中的做法，是罗山思想的一大重要特征，有必要引起足够的重视。当然，罗山认为应加以理性控制的不仅仅限于“欲”。罗山说：“此七情，合于理而用时，一心之本体自然就正确明朗。”[③]也就是说，不仅要让“祈盼之心”的“欲”“合于理而用”，对于“七情”来说均不能例外，只有使之合乎理

① 转引自龚颖：《“似而非”的日本朱子学》，第102页。（原文见日本内阁文库所藏手抄本《大学谚解》）

② ［日］石田一良等校注：《日本思想大系》第28卷《藤原惺窝·林罗山》，第183页。（龚颖译）

③ ［日］石田一良等校注：《日本思想大系》第28卷《藤原惺窝·林罗山》，第184页。（龚颖译）

才能让心体明朗起来。

同样的论述还可在以下引文中窥得。罗山说：

> 如果将此七情按道理行事，那就符合仁义，是很好的。但如果被血气之私引诱时，七情为所欲为，违背理成为恶，所以就要好好分辨，使七情符合理，就没有恶事了。[①]
>
> 只有七情合于理时，各种恶的事情才会被消除。[②]

可见，尽管罗山在“恶”的出处的问题上倍感困惑，但是这并不能妨碍其给出人们去恶向善的途径，那就是要时刻让“七情”合“理”而动，不被血气之私欲蒙蔽。进而，罗山在《三德抄》的结尾处解释“大学之道”时，具体给出了人可以用以控制“七情”的手段——“五常”。罗山说：

> 以心中所具有的五常来很好地控制改正七情，对表现在外形上的视听言动要仔细慎重，以此作为圣贤的学问来修我身、治他人、治理国家，这就是“大学”的道理。[③]

在此，罗山立于朱子学心性论的理论高度，道出了他的纲常观念，并进而将之与“大学之道”相联系，从控制视听言动入手，把以“五常”驭“七情”的重要性上升到修身、治国和成圣成贤的高度，赋予了自己的心性论更为鲜明的实践色彩。不仅如此，罗山更给出了控制“七情”的具体方法。罗山说：“控制七情之念时，要一心如常、宁静平和，不能有内心的骚动。圣人贤人当喜则喜，当怒则怒，尽到了很好地运用七情的努力。”[④]就是说，要以一颗客观、平和的平常心来待人处事，遇当喜之事则喜、遇当怒之事则怒，而不应夹杂太多个人情感。

综上，罗山在基本继承朱子“心统性情”说及性情论的同时，也在对

---

① [日]石田一良等校注：《日本思想大系》第28卷《藤原惺窝·林罗山》，第164页。（龚颖译）
② [日]石田一良等校注：《日本思想大系》第28卷《藤原惺窝·林罗山》，第164页。（龚颖译）
③ [日]石田一良等校注：《日本思想大系》第28卷《藤原惺窝·林罗山》，第64页。（龚颖译）
④ [日]石田一良等校注：《日本思想大系》第28卷《藤原惺窝·林罗山》，第174页。（龚颖译）

于"情"的解释上表现出了与朱子的不同之处。具体说来，就是罗山将"情"与"七情"相等同的做法有异于朱子的"四端"和"七情"皆出于"情"的观点。然而，罗山的做法无疑简化了朱子对于"情"的定义。且不论其在理论构架上是否严谨，若仅从实践层面上来说，较之于朱子的理论，罗山对于"情"的解释似乎更加贴近人们在日常生活实践中的经验和认知，也更加直观和易于接受。可以看出，罗山在这里将他的宇宙论思想与人性论思想做了直白地对接。即将纯然至善之"理"与在人之"性"相对接，表现为"四端"；将有清浊、善恶之别的"气"与"情"相对接，表露于"七情"。关于这一做法在当时的日本的正当性，下节中将加以详述。

## 第四节　试析罗山选择性继承朱子心性论思想之原因

综上所述，罗山在"性即理"及"心统性情"等心性论基本观点上较为忠实地继承了朱子学说，这也成为罗山作为日本朱子学派代表人物的重要特征之一。然而，罗山的思想中又有多处表现出了与朱子思想的不同，尤其是罗山在深明朱子关于"气质之性"论述的同时，却又在多处对"恶"的出处表现出诸多疑问和困惑，还在"情"的定义等处对朱子理论作了简单化处理。罗山对朱子思想加以选择性继承的原因可能有很多，在此笔者仅从罗山所处的社会地位、文化背景及时代背景处着眼，试加分析。

首先，关于罗山所居的社会地位。罗山身为幕府高官，历仕四代将军，这使得他无论在学术上还是在人格上都具有较强的自信心，也为他对舶来文化的甄别和选择性继承提供了可能。同时，身处此位，罗山的学术自尊心也无时不在催促他要进行理论的创新。罗山的思想体系中有很多貌似融合了朱子和阳明两派的理论，但究其实质，这些思想本身与两者都不尽相同。可以说，有选择性地继承和发展正是罗山儒学思想的最大特点之所在。

其次，关于罗山所处的文化背景。正如“理”不离乎“气”那样，在实践层面上亦没有独立于文化背景之外而可以孤立存在的理论体系。日本作为岛国的地理特点和大和民族相对单一的文化特征使得罗山的理论倾向也很自然地走向了简单化和归纳化。作为日本哲学家的罗山面对朱子学缜密而细致的理论体系时，在学习、理解、应用以及表述和解释的过程中，对之进行简单化处理的思维倾向性是完全可以理解的。虽然这在某种程度上会使朱子学理论有所变容，但是无疑这一简单化也会为朱子学在日本的传播和发展提供便利。另外，日本近现代文化的一大特点就是具有较强的融合性。作为文化载体和传播媒介的日语中，外来语占有相当惊人的比例，仅此一点似乎便可以说明日本文化所具有的较强的接纳性和包容性。虽然在罗山的朱子学思想体系中存在许多与朱子原本理论不同之处，但这些思想的相对合理性及日本文化中相对较强的包容性都赋予了罗山思想在日本文化中生存和发展的空间。

再次，关于罗山思想构建的时代背景。罗山所处的时代是日本社会刚刚从战乱中复苏的时代，此时在社会资本和思维的自由度上都没有太多的余裕让人们将哲思引向深入。相反，为了能够让儒家思想更好更快地为当时的幕府统治服务，将理论体系简化，让教义愈发鲜明、易懂成为当时的统治阶级和罗山所处时代的共同要求。在受体层面上讲，当时的日本民众也急需找回在战乱中迷失旷久的人生观、价值观和社会主流思维模式。这些都从不同角度上对罗山重构朱子学思想提出了要求。在理论构架合理、不失说服力的基础上，简单明了地解释诸如“恶”等人伦层面上的思想问题便很自然地成了罗山思想中不可规避的历史使命。

综上所述，罗山在其所处的特殊文化语境下，对朱子学心性论思想作出了符合当时日本社会背景的重建。尽管就其完善度而言可能还存在不足之处，但是罗山的问题意识和他基于自己的视角进行的理论革新的尝试值得充分肯定。

# 第四章　工夫论思想

以理气论为中心的本体论以及心性论无疑是朱子学讨论的两大中心话题，人之为人不但禀受了纯然至善的“理”，同时也禀受了有清浊之别的“气”。欲使在人之理充分彰显，就必须通过积极的后天工夫来改变气质，从而成就理想人格，实现人生应然之价值，所以工夫论亦是朱子学中不可或缺的重要组成部分。基于朱子学性善论的理论基础，人们能够树立起充分的自信心，相信自己可以通过做工夫的途径改变气质，摒除气禀之恶，并最终挺立起自己生命的主体性。这是朱子学家对于社会人生之深切关怀的体现，也是作为天人之学的儒家学说之于实践的具体意义之所在。儒家经典，尤其是“四书”的内涵之意，从某种角度上着眼时，或可解释为是一种内圣外王的工夫论。正如朱子所说：

> 《论语》之书，无非操存、涵养之要；《七篇》之书，莫非体验、扩充之端。盖孔子大概使人优游餍饫，涵泳讽味；孟子大概是要人探索力讨，反己自求。故伊川曰：“孔子句句是自然，孟子句句是事实。”亦此意也。如《论语》所言“居处恭，执事敬，与人忠”，“出门如见大宾，使民如承大祭”，“非礼勿视听言动”之类，皆是存养的意思。孟子言性善、存心、养性，孺子入井之心，四端之发，若火始燃，泉始达

之类，皆是要体认得这心性下落，扩而充之。[①]

无疑，这里朱子所说的操存、涵泳以及体认皆属于这一工夫论的范畴。

本章将通过分析罗山在格物致知、敬等工夫论上的观点，探究他对朱子思想的继承和发展。

## 第一节　格物致知

《大学》开篇即云："大学之道，在明明德，在亲民，在止于至善。"[②]"明明德""亲民""止于至善"被后人称为《大学》中的"三纲"。在提出了这三个纲领后，接着又为此三纲的实现列出了八个具体的步骤：格物、致知、诚意、正心、修身、齐家、治国、平天下。这被称为"八条目"。《大学》中说："古之欲明明德于天下者，先治其国。欲治其国者，先齐其家。欲齐其家者，先修其身。欲修其身者，先正其心。欲正其心者，先诚其意。欲诚其意者，先致其知。致知在格物。"[③]可见"格物"在作为儒家经典的《大学》中的地位之重要。格物论是基于认识论基础之上的工夫论中的重要内容，同时也是了解罗山思想的关键之一。

下文中将通过比对罗山与朱子在格物论上的异同，来明确罗山对朱子思想的继承和发展。

### 一、朱子的格物致知论

朱子引程子之语，如是解释"格物"：

所谓致知在格物者，言欲致吾之知，在即物而穷其理也。盖人心之灵莫不有知，而天下之物莫不有理，惟于理有未穷，故其知有不尽也。是以《大学》始教，必使学者即凡天下之物，莫不因其已知之

① (宋)黎靖德编：《朱子语类》，第445页。

② 《大学》，(宋)朱熹：《朱子全书》第6册，第16页。

③ 《大学》，(宋)朱熹：《朱子全书》第6册，第17页。

理而益穷之，以求至乎其极。至于用力之久，而一旦豁然贯通焉，则众物之表里精粗无不到，而吾心之全体大用无不明矣。此谓物格，此谓知之至也。[①]

朱子在提出了即物穷理的观点后，进而对其做了详尽的论证。朱子基于他的心性论和宇宙本体论观点，首先提出“人心之灵莫不有知”“天下之物莫不有理”来肯定人所能知的可能性以及作为知觉对象的“理”的存在性。同时表明了他理未穷则知不尽的观点，强调格物穷理必须要至其极方可。另外，因为“天下之物莫不有理”，所以欲穷理，便要以天下之物为“格”的对象，从而道出了格物的广泛性和艰巨性。而作为其结果，在“豁然贯通”之后便可使“心之全体大用无不明”了。

下面具体来了解朱子处的“格物”与“致知”。

在朱子的《大学章句》中有许多关于“格物”的论述，这是这一概念的重要性和难解性所致。就其重要性，朱子说：“《大学》首三句说一个体统，用力处却在致知、格物。”[②]又说：“此一书之间，要紧只在‘格物’两字。”[③]由此可见“格物”之于《大学》的重要性和朱子对其之重视。“格物”不仅是“致知”，同时也是齐家、治国、平天下的根本之所在，是体认形而上的“理”的实实在在的起步之处。朱子说：“圣人不令人悬空穷理，须要格物者，是要人就那上见得道理破，便实。”[④]

同时，朱子之所以多次谈及“格物”，也是出于“格物”这一概念所具有的理解上的难度。朱子曰：“大学章句次第得皆明白易晓，不必或问。但致知、格物与诚意较难理会，不得不明辨之耳。”[⑤]那么，在朱子学中“格物”究竟应作何解释呢？下文中将作详解。

---

① （宋）朱熹：《朱子全书》第 6 册，第 20 页。
② （宋）黎靖德编：《朱子语类》，第 260 页。
③ （宋）黎靖德编：《朱子语类》，第 255 页。
④ （宋）黎靖德编：《朱子语类》，第 257 页。
⑤ （宋）黎靖德编：《朱子语类》，第 257 页。

首先,关于“格”。朱子用“至”来释“格”。他说:“格,至也。物,犹事也。穷至事物之理,欲其极处无不到也。”[①]又说:“格,犹至也,如‘舜格于文祖’之格,是至于文祖处。”[②]朱子又用“尽”来释“格”。他说:“格,尽也。”[③]朱子还用“极至”来释“格”。他说:“格者,极至之谓,如格于文祖之格,言穷而至极也。”[④]所以,朱子所谓的“格”就可理解为至、尽、极致或穷尽之意。同时,格物的终点应该是物被格尽,将物所具有的终极道理完完全全、彻彻底底地体会。朱子说:“格物者,格,尽也。须是穷尽事物之理。若是穷得三两分,便未是格物,须是穷尽得十分,方是格物。”[⑤]因此,朱子进一步区分了“格物”和“物格”。他举例说:“如入书院,只到书院门里,亦是到来,亦唤做格物、致知得。然却不曾到书院筑底处,终不是物格、知至。”[⑥]在这里,朱子为了将“格物”需进行到极致的道理表达清楚而使用了“物格”一词。如果说“格物”仅仅是至于物的话,那么“物格”则应该是深入物之中,将物格尽,行至尽头。而只有有了“物格”才可以达到“知”之“至”。由此不难看出朱子对于“格物”工夫的追求之高。

其次,关于“物”。朱子认为虽然“格物”中仅仅说了一个“物”字,但是其内涵之意却应该是概指“物”与“事”的。如上文中所引,朱子说:“物,犹事也。”[⑦]又说:“圣人只说格物二字,便是要人就事物上理会。”[⑧]既然“格物”的“物”泛指物与事,那么“事”又指何而言呢?朱子说:“且自一念之微,以至事事物物,若静若动,凡居处饮食言语,无不是事,无不各

---

① (宋)朱熹:《朱子全书》第6册,第17页。
② (宋)黎靖德编:《朱子语类》,第283页。
③ (宋)黎靖德编:《朱子语类》,第283页。
④ (宋)朱熹:《朱子全书》第6册,第512页。
⑤ (宋)黎靖德编:《朱子语类》,第283页。
⑥ (宋)黎靖德编:《朱子语类》,第252页。
⑦ (宋)朱熹:《朱子全书》第6册,第17页。
⑧ (宋)黎靖德编:《朱子语类》,第287页。

有个天理人欲。"[①]即居处、饮食、言语等日常诸事都在这个"事"的范畴之内。

再次,关于"致知"。朱子如此定义"致知",他说:"致,推极也。知,犹识也。推极吾之知识,欲其所知无不尽也。"[②]不难看出,这里朱子所谓的"致"与上面所述的"格"字相似,有极尽之意,而所谓的"知"指的就是知识。合而言之,"致知"就是要求人将自己的知识推向极致,并尽量使自己达到无所不知、知无不尽的程度。

最后,关于"格物"与"致知"之间的关系。就此,朱子说:"格物以理言也,致知以心言也。"[③]又说:"致知是自我而言,格物是就物而言。"[④]可见朱子认为虽然将格物与致知分开来讲,但是两者本是互为一体的两个方面。格物时即是致知,欲致知也不能离开格物。所以说格物致知本是一体之事,分而言之不过是因为着眼点和论述角度不同。"格物"是在外在的事物之"理"上说的,而"致知"则是就内在于人身之理的"心"上说的。

从上述朱子的解释可以看出,朱子所谓的"格物"就是以所有的事事物物为对象进行穷理,并将之进行到底的活动。而只有这种"格物"的工夫做到了,才能达到"致知"、达到"知无不尽",才能极尽在物在人之"理",进而才能"齐家、治国、平天下",才能成就圣贤品质。

在明确了格物、致知的概念、重要性及其相互关系后,在方法论上如何来格物致知便成为践行这一工夫的实际问题。

就此,朱子说:"格物须是到处求,博学之,审问之,谨思之,明辨之,皆格物之谓也。若只求诸己,亦恐有见错处,不可执一。"[⑤]这里朱子首

---

① (宋)黎靖德编:《朱子语类》,第 287 页。
② (宋)朱熹:《朱子全书》第 6 册,第 17 页。
③ (宋)黎靖德编:《朱子语类》,第 292 页。
④ (宋)黎靖德编:《朱子语类》,第 292 页。
⑤ (宋)黎靖德编:《朱子语类》,第 421 页。

先明确了格物的对象应该是广泛的，是“到处”而“不可执一”，不但要学而且要“博学”。同时，在明确了格致的对象之后，就要通过审问、谨思和明辨的工夫来达到“物格”的目的。

之所以要博学，要到处求，是“理”存在的普遍性所致。朱子说：“上而无极、太极，下而至於一草、一木、一昆虫之微，亦各有理。一书不读，则阙了一书道理；一事不穷，则阙了一事道理；一物不格，则阙了一物道理。须著逐一件与他理会过。”[1]就是说，从形而上之“无极”“太极”到具体实在的草木昆虫，事事物物均各有其理，所以均需去“格”。朱子还将“格物”的途径具体化。他说：“如读书，便就文字上格；听人说话，便就说话上格；接物，便就接物上格。”[2]就是说，文字、话语、物件都在上述事事物物之列，均需去穷究其理。

然而，尽管说格物要博学，要到处求，但绝不是说要盲目地、无条理地去“格”。因此，朱子明示了格物的起始之处。他说：“格物，须是从切己处理会去。待自家者已定叠，然后渐渐推去，这便能格物。”[3]就是说这个过程应该是推己及人、由近及远、由浅及深的过程。朱子说：“人固有理会得处，如孝於亲，友於弟；如水之必寒，火之必热，不可谓他不知。但须去致极其知，因那理会得底，推之於理会不得底，自浅以至深，自近以至远。”[4]为了具体阐明这一道理，朱子更举出实例详述了格物的方法。当被问及“所谓‘一草一木亦皆有理’，不知当如何格”[5]时，朱子答曰：“虽草木亦有理存焉。一草一木，岂不可以格。如麻麦稻粱，甚时种，甚时收，地之肥，地之硗，厚薄不同，此宜植某物，亦皆有理。”[6]可见，在这里，朱子再一次确认了事事物物皆有理存，虽一草一木也不例外。对

---

① （宋）黎靖德编：《朱子语类》，第295页。
② （宋）黎靖德编：《朱子语类》，第286页。
③ （宋）黎靖德编：《朱子语类》，第284页。
④ （宋）黎靖德编：《朱子语类》，第266页。
⑤ （宋）黎靖德编：《朱子语类》，第420页。
⑥ （宋）黎靖德编：《朱子语类》，第420页。

于草木之理，可以具体到植物的品种、种植与收获的时节、土地的肥沃与贫瘠等方面来“格”。通过这一实例的明示，朱子将事物之理的复杂性和多样性具体展示了出来。同时，格物的对象亦不应仅限于外物，还应包括人自身的言行。朱子说：“格物者，如言性，则当推其如何谓之性；如言心，则当推其如何谓之心，只此便是格物。”[①]就是说，当言及某一个名称、事物时，便要对这一概念的含义和所以然进行考究，这也属格物之列。

综上可见，朱子在他以“理”作为宇宙论基础的理论框架下，明示了他在揭示这一“理”的过程中的方法论，即“格物”。同时，“理”之存在的客观普遍性，使得“格物”的对象之范围广阔无垠，使得“格物”之工夫变得颇为艰巨。关于格物的论述，增加了朱子理论的可实践性，同时也构建起了朱子工夫论的基础。

### 二、罗山的格物致知论

上文中曾提及过“大学之道”在于其三纲：“大学之道，在明明德，在亲民，在止于至善。”[②]而此后提出的格物、致知、诚意、正心、修身、齐家、治国、平天下的八目是实现三纲的具体步骤。其中又以格物为基础。作为日本的儒学大家，罗山对“大学之道”推崇有加。罗山说：

> 我道之传也。尧以是传之舜，舜以是传之禹，禹以是传之汤，汤以是传之文武周公，文武周公传之孔子，孔子传之孟轲，孟轲之死不得其传焉。得其传乎百世之下者，濂溪周先生也。濂溪传之河南程子两夫子，程子传之新安朱夫子。朱夫子之后不可胜计也。其所传者何也？道也，所谓大学之道也，非向所谓异端之道也。[③]

罗山在此将“大学之道”视为正道，并对这一道的传承过程作了总结，从

① （宋）黎靖德编：《朱子语类》，第284页。

② 《大学》，（宋）朱熹：《朱子全书》第6册，第16页。

③ ［日］京都史迹会编纂：《林罗山文集》，第300页。

尧、舜、禹开始，至汤，至文、武、周公，至孔子，至孟子，再至周敦颐，至二程，最后亦将朱子纳于其中，由此也不难看出罗山对朱子的仰拜之情和对《大学》所言之道的推崇。那么，为什么罗山又将"大学之道"称为"我道"呢？罗山说：

> 其我道者，安在哉？道远乎？我欲道，道斯至也。奈其不欲，何若欲之。则在于迩，不在于远。迩者，何也？其书则四书五经，其位则君臣、父子、夫妇、兄弟、朋友，其事则格物、致知、诚意、正心、修身、齐家、治国、平天下。此则非如口传耳授、密相附属者，特此心之体，隐乎人君躬行之中、百姓日用之间。贤者识其大，不贤者识其小，而体其全且尽者，则得其传耳。[①]

所以，罗山之所以将"大学之道"称为"我道"，是因为这个道就在人们身边。但是，要体认这个道，却有一个条件，那就是本人必须要有对道的渴求，只有怀具了这种主观自觉性，道才会得以彰显。在书籍的领域里表现在四书五经中；在尊卑高下之位上表现在君臣、父子、夫妇、兄弟、朋友的关系上；在所行之事上表现在《大学》中所说的那八条目，即格物、致知、诚意、正心、修身、齐家、治国、平天下上。因为所有这些都内在于躬行和日用之间，所以可以说欲则至。而根据对于此道的体认程度的大、小、全尽之不同，人有了贤与不贤之分。

下面具体了解罗山对作为"大学之道"的根本之所在的"格物""致知"的论述。首先是罗山对于"格物"的解释。

罗山在向他的恩师惺窝询问"格物"之意后，将他对于"格物"的理解作了如下表达：

> 道春昔尝问格物之义，惺窝先生答曰："程朱谓之穷理。"由是言之，天地所以为天地者何？上而积气者，天也；下而厚形者，地也。水火所以为水火者何？虽千万里之外内有炎上者，虽不名火，而必

① [日]京都史迹会编纂：《林罗山文集》，第300页。

火也；虽千万年之前后有润下者，虽不称水，而必水也。寒暑昼夜亦然。虽一草一木、微禽昆虫亦各有其理，而况人乎？就人身言之：目，曰视、曰明；耳，曰听、曰聪；口，曰言、曰恭；心，曰思、曰睿。故，曰人者，天地之灵、五行之秀也。此心、此理豁然贯通谓之“格”。物，曰物事也。有物则有事，而唯言事则虚；唯言物则实。①

罗山在此文中表现出的首先是对于宇宙根基之所在的“理”的肯定。天地之为天地、寒暑昼夜之为寒暑昼夜、火之所以可以炎上、水之所以可以润下，皆是其所以然之“理”的缘故。形而上之“理”的这一特性以及其客观普遍的存在样式，使得“理”可以赋予物以虽跨越时空而可不易其性的根基。罗山认为即便是草木动物之中都有“理”在，更不用说聪明睿智而可以视听言动的人了。在肯定了在物在人之“理”的存在后，罗山给出了他心中关于“格”的定义：作为“天地之灵、五行之秀”的人将其“心”与在物之“理”“豁然贯通”的过程即为“格”。相较于朱子将“格”视为“至”“尽”“极致”的解释，罗山“此心、此理豁然贯通”的释义似乎更进一步。罗山处的“格”不是一条仅向外指的单行线，其注重将在物之“理”纳入“心”中，将“心”与“理”联通的互动过程。这无疑是罗山对于朱子理论的发展和创新。

此外，在对于“物”的解释上，罗山继承了朱子的观点，认为这里所谓的“物”就是“物事”，而不仅仅指物。罗山同时指出，“物”与“事”亦不能完全割裂开来单讲一方，因为这样将会失于片面。罗山对于格物的解释与朱子的注释尽管在叙述的角度上有其不尽相同之处，但在根本上却保持了较高的一致性。与此相同的观点还可以从下面的引文中窥得。罗山说：“一草一木各具此理，格得、穷得。了毕，不外此心。天地亦然，人伦亦然，视听言动亦然，所谓豁然贯通者欤！”②从此段引文中也可以看

① [日]京都史迹会编纂：《林罗山文集》，第349页。

② [日]京都史迹会编纂：《林罗山文集》，第846页。

出，罗山与朱子一样，也立于理本论的高度对“格物”的可能性作出了说明。罗山认为：因为天地、人伦、视听言动与草木一样都有其内在之“理”，所以都可以去“格”，同时“格”毕之后便会反映于“心”中，便会达到天地人物之间“豁然贯通”的境界。不仅如此，罗山还在总结先儒对“格物”的解释中，表明了对朱子之说的支持。罗山说：

> 大学八条目，格物在其一。夫以韩吏部之为人也，其作《原道》篇遗格物一条，知而不言耶，抑又不注意耶，不亦大憾乎！“格物”训，郑玄注：格，来也。善来善、恶来恶之谓也。司马光训：扞，御也。谓防御外物也。吕祖谦谓：物我无间为格物。至于朱子，直取程伯仲之意，而以为穷理矣。理本无形，故由事物有形以立名，使人践实也。恐无形者入于虚故也。大明王守仁作《传习录》，曰：格，正也、至也，正我心外之物。林子曰：格，废弃也。放下外物则本心灵明。二说非不高也，然如王说，则与正心稍觉重复；如林说，则与司马迁说亦不大异。君臣父子外物也，舍君父而后为忠孝乎？然则外物果不可御也，又不可弃也。譬如镜之弃明而不可照也。万物各有事，每事各具理，理乃心性也。心与性原一也，拘于形，气敝于私欲不能一之。是以圣人著《大学》书教人，欲使其心与理不二。而后指示曰：致知在格物，格物之义大矣哉。[①]

此文中，罗山自韩愈开始，对郑玄、司马光、吕祖谦、朱熹、王阳明、林兆恩就“格”字的训解进行了阐述，并借此解读了先哲们对于所欲穷之“理”的不同认识。在之后的分析中，罗山直指阳明说之弊端，即阳明所解的格物与其后的正心“重复”。又将兆恩将“格”释为“废弃”之说评价为“与司马迁说亦不大异”，并在其后举忠孝、明镜之例直言外物的“不可御”“不可弃”，对兆恩的训解予以正面反对。从此文中亦不难看出罗山对于朱子取程子之意将“格物”释为“穷理”之说的推崇，并借此再次强调了格物

---

① [日]京都史迹会编纂：《林罗山文集》，第616页。

致知，尤其是格物的重要性。无疑，在朱子学的视域中，格物的最终目的就在于"穷理"。通过探究罗山在格物论上的观点，亦可以从一个侧面探明其对于理的认识。罗山曾说："凡天地造化之迹，苟不以理推之，必入于幻怪伪诞之说，而终不能明。故君子穷理之为要也。"[①]罗山认为，要以理为认识世间万物的准则，所以穷究这个"理"才是君子之当为。从另一个角度上讲，罗山所谓的"以理推之"一说，可以理解为：理是一个可以认知、可以把握、可以用来衡量的存在。这同时也正是程朱理学和阳明心学的根本区别之所在。

综上，不难看出罗山对朱子学格物论的继承。下文中，笔者将从为学观的角度对罗山的格物工夫论予以考察。

### 三、为学观

如果说格物是一个大的框架，那么读书勉学就应是格物的一个具体层面。如朱子所云："如读书，便就文字上格。"[②]为学是人们继承先人思想成果的有效方法，也是人们了解世界、反观自我，进而改变气质、去恶向善、提升个人生命境界、修身立德、成就圣贤品格的必由之路，是格物论乃至工夫论中不可或缺的重要组成部分。

朱子与罗山同为人师，所以都在学道、明理方面给出了各自的具体方法。

朱子基于他的理本论思想，认为做工夫的目的在于使人明白"理"，而读书就是明理的一种有效途径。朱子说："读书以观圣贤之意；因圣贤之意，以观自然之理。"[③]或许朱子的这句话可以这样理解：要正确地领悟自然之理，就有必要秉承圣贤之意；而若想明晓圣贤之意，就必须要读书。

---

① [日]京都史迹会编纂：《林罗山文集》，第 297 页。

② (宋)黎靖德编：《朱子语类》，第 286 页。

③ (宋)黎靖德编：《朱子语类》，第 162 页。

不但如此，朱子还给出了所读之书的顺序。朱子说："学问须以《大学》为先，次《论语》，次《孟子》，次《中庸》。"[①]朱子认为学习"四书"的顺序应该是先《大学》，再《论语》，次《孟子》，最后是《中庸》。之所以如此排序，是因为朱子认为读书应该由易及难。朱子说："读书，且从易晓易解处去读。如《大学》、《中庸》、《语》、《孟》四书，道理粲然。人只是不去看。若理会得此四书，何书不可读！何理不可究！何事不可处！"[②]也就是说，读书之所以要从"四书"开始，是因为这四部书中所讲的道理甚为明了，如果领会了这四部书中所讲的道理，就可以遍览群书、穷究众理、处理万事了。朱子更在回答"欲专看一书，以何为先"[③]时，强调了《大学》的重要性。朱子答曰："先读《大学》，可见古人为学首末次第。"[④]

同时，朱子认为不仅要读书，更要精读之，要将之领悟透彻。朱子说："先看《大学》，次《语》、《孟》，次《中庸》。果然下工夫，句句字字，涵泳切己，看得透彻，一生受用不尽。只怕人不下工，虽多读古人书，无益。"[⑤]也就是说，读《大学》等"四书"，要在字字句句上下工夫，要认真地站在自身的角度上涵泳体会，要将之领悟透彻，如是则可以受益终生。否则，如不下工夫，即使读书万卷对自己也毫无益处。

罗山在为学观上基本继承了朱子的观点。

罗山认为为学的目的在于"明""心"，而其途径便在于"读书"。罗山说：

> 经所载曰中、曰诚、曰德、曰敬、曰仁、曰义、曰忠、曰孝、曰性、曰命、曰道者一而已矣。皆所以明我心之体用也。此心，人皆有之。而圣贤先觉者也，学先觉者无如读书。[⑥]

---

① (宋)黎靖德编：《朱子语类》，第249页。
② (宋)黎靖德编：《朱子语类》，第249页。
③ (宋)黎靖德编：《朱子语类》，第250页。
④ (宋)黎靖德编：《朱子语类》，第250页。
⑤ (宋)黎靖德编：《朱子语类》，第249页。
⑥ [日]京都史迹会编纂：《林罗山文集》，第529页。

罗山认为,“圣贤先觉”将可以借以明了“心之体用”的中、诚、德、敬、仁、义、忠、孝、性、命、道等道理皆寄托于“经”书之中了,所以学者欲学圣贤,最有效的手段莫过于“读书”。

在读书的先后顺序上,罗山与朱子观点相近,尽管没有特别强调要先读《大学》,但也说读书要以“四书”为先。罗山说:“唯是学四书而后言道亦不晚也。”①就是说,如果要言及“道”为何物,必须以先读“四书”为基础。同时,罗山此语不仅强调了“四书”的重要性,更明确了罗山心中“四书”作为“道”之载体的重要地位。

若说书是“文”,而其中的教义是“道”的话,那么此文此道之间又是何种关系呢?就此,罗山说:“道外无文,文外无道。”②也就是说,道与文是融合在一起,不可截然二分的。那么无疑“学文”的工夫就是“学道”的过程了。罗山说:

> 文者,载道之器也。学文、学诗、学礼,学道在其中。文者,诗书六艺也。洒扫应对即精义入神。故学文则道在其中。道者,事物当然之理也。学诗则事理通达,而心气和平。学礼则品节详明,而德性坚固。此圣人所以启伯鱼之学也。夫天下之事莫不有理,莫不载于诗书六艺之中,然理一也。③

就是说“文”是“道”之载体,所谓的“文”便是囊括文、诗、礼于其中的“诗书六艺”之学。同时,因为这里所说的“道”就是“理”,说书中有道,便是说书中有理。所以说学文,就是要学“诗书六艺”,这同时就是学道、就是学理了。在强调了读书的重要性后,罗山还对不必读书,提倡“顿悟”之说的思想作出了尖锐的批判。罗山认为读书,以及在文字上下工夫是为学、知“道”的必由之路。他用比喻的方法告诫那些不想在读书上下工夫却想得“道”的人说:“不经阶梯而升高,不蹈踬者几希?不乘舟筏而到

---

① [日]京都史迹会编纂:《林罗山文集》,第14页。

② [日]京都史迹会编纂:《林罗山文集》,第128页。

③ [日]京都史迹会编纂:《林罗山文集》,第817页。

岸,不沉溺者几希?"[1]从而再次强调了读书之工夫的重要性。

既然读书如此之重要,那么应如何去读呢?罗山认为读书要专心,这样方可达到与书融通为一体的境界,方能有所获益。罗山说:

> 夫书者,圣贤之心画也。读者,圣贤之口泽也。见者,圣贤之面命也。闻者,圣贤之耳提也。上帝临汝,勿二汝心,心一而精,则耳目口皆随之,于是书与我相融通而不二为得其实,谓之有益。[2]

就是说,当调动耳、目、口之所能,一心专用时,书与我便能融为一体,便可以圣贤的教化贯通于心间。就这种"书与我相融通"的关系,罗山给出了进一步的解释,他说:"读圣贤之经书,以经书证我心、以我心证经书,经书与我心通融可也。故读书之法莫近于此矣。"[3]就是说,"书"与"心"之间的正确关系应该是一个相互印证的关系,要以圣贤之书为准绳验证"我心"之体认的正误,同时还要以"我心"之感受为基础来进一步地理解"经书"之所言。而且,要将"书"与"我"的关系处理得恰到好处,无过而无不及。罗山说:"卑者则书自书、我自我;高者则六经注我、我注六经。此二者楚失而齐未得也,共无益矣!"[4]在这里,罗山将"书""我"二物、未能深入其中的读书者称作"卑者",又将"六经注我、我注六经"式的为学论者称作"高者",然而无论卑、高,这两者的做法都是不为罗山所认同的,罗山将之说成是"未得""无益"。综上可以看出,罗山所强调的读书的最高境界,应该就是那种"书与我相融通而不二"的境界。而要达到这一境界,就要做到"心一而精"的专心的工夫。

在本书前面的章节中,曾经多次提及罗山对朱子以及先儒理论的革新,笔者认为这些都与罗山的不盲从、不盲信的"学而思之"的治学观有着密切的关系,下面就略举几例以证之。

---

① [日]京都史迹会编纂:《林罗山文集》,第13页。
② [日]京都史迹会编纂:《林罗山文集》,第529页。
③ [日]京都史迹会编纂:《林罗山文集》,第347页。
④ [日]京都史迹会编纂:《林罗山文集》,第529页。

罗山早年曾遁入佛门，后归于朱子学家藤原惺窝的门下。他对恩师赞赏有加，对其思想也多有推崇。但是即便如此，他亦会直指惺窝理论中的不足之处，而非盲从之。在给惺窝的信中，对于惺窝将《大学》中的三纲领简化为两条之事，罗山如是说：

先生又曰《大学》："《大学》之道在明明德，在亲民，在止于至善。朱子《章句》曰：'此三者，《大学》之纲领也。'是不三也，谓之二纲领可也。至善属二者"云云。余想不然。然则谓之一纲领可也，何曰二乎？人人各各皆明明德则不及于新之。己有而人无是故推而以新之，而又以使之止其至善。人人物物无不有至善，何限于此二乎？虽然亦属之何也？[①]

罗山在此表达了他对惺窝将"至善"与"明明德"和"亲民"合论的不同意见后，又以"五常"和"五行"之例继续说：

仁义礼智信谓之五常，譬之五行。信与土为空位，而无正位。土之于四季无不寄也；信之于四端无不有亦。至善之于明德、亲民亦此类乎。不谓之三纲领，而谓之二纲领则犹不言五行五常，而言四行四常也。可乎？不可乎？先生思之。[②]

此处罗山将五常中的"信"、五行中的"土"与三纲领中的"至善"相关联，谓其虽在空位但亦不应无视之。由此例可见，即便对于恩师的论断，罗山亦不盲从、盲信，而是在审慎的思辨后，直谏其不足之处，可见罗山对于学问精益求精、学而思之的治学态度。

另外，在罗山的学《易》观上也能反映出这一点。罗山作为一名杰出的儒学家，对于易学也十分精通。他在训点《周易传义》等书目的同时，自己也写下了很多易学著作。罗山在他早年的随笔作品中记述了自己学《易》的经历："顷年为易，专以王弼注为本，以孔颖达疏为佐。且引《启

① [日]京都史迹会编纂：《林罗山文集》，第 14 页。
② [日]京都史迹会编纂：《林罗山文集》，第 14 页。

蒙》为之指画者，比比而然。”[①]可见，王弼、孔颖达和朱熹的易学著作对早年的林罗山有很大的影响。在学《易》的过程中，罗山对于各家的理论皆有自己初步的认识，他认为：

> 程夫子曰：“王弼注《易》元不见道，但却以老、庄之意解说而已。朱夫子曰：“王弼周易，巧而不明。”两夫子之言已如此，且夫《启蒙》者，朱子补邵子说而作，故与王注孔疏相反可知。唯宜熟读程《传》朱《本义》，而后言易，则可乎。学者不可不思。[②]

这里，罗山从程朱对于“王弼注《易》”的不同评论展开，告诉人们对待易学这门学问也必须要“学而思之”。在浩如烟海的儒学及易学著作中，众说纷纭自然是在所难免的。而何去何从就需要各个学《易》者来进行取舍选择了。而在选择的过程当中，“思”是不可或缺的。就是说，在学习易学这门富有深刻内涵的天人之学的过程中，如果只“学而不思”，同样会出现“罔”的情况。

仅从上述两例中便不难看出罗山“学而思之”的治学态度，这或许正是罗山工夫论中的一大特色之所在，同时也是作为集大成之学的朱子学的一大特色。罗山在下面的引文中更是将他“学而思之”的治学态度清晰地展现了出来。他说：

> 周元公之主静、程伯子之定性、叔子之持敬、晦翁之穷理、南轩之义利之辨皆是其所体认也。学者若无体认之实，则所学何事哉？所谓书自书、我自我果何益乎？故圣贤千言万语为要其守约也。若夫饶舌如鹦猩、博览如大军游骑则岂其守约之谓哉？庶乎学而思、思而学不有罔殆之患，是所以望后学也。乡曹努力！[③]

罗山不仅以身作则践行他“学而思之”的治学方法，更在总结了诸先贤“学而思、思而学”的所得之后，告诫后学做学问时不应像“饶舌”鹦鹉一

---

① [日]京都史迹会编纂：《林罗山文集》，第788页。
② [日]京都史迹会编纂：《林罗山文集》，第788页。
③ [日]京都史迹会编纂：《林罗山文集》，第846页。

样人云亦云，亦不应像“大军游骑”一样仅作“博览”而不深思，只有像先贤那样勤于学、勉于思，认真体认，方可有所成就。这些无疑都是对朱子理论的继承和发展。

纵观朱子的工夫论，无论是格物还是这里说的为学观都反映出他勤勉谨慎的治学态度。或许正是受益于这一态度，朱子才能够著述丰盈，思想体系严谨而细腻。但是，也恰恰是因为这种治学的方法，许多人对朱子学望而却步。罗山是朱子学派的代表，他的一生也确如朱子一般留下了诸多著述，但是他受到所处时代以及当时客观条件的限制，对于朱子的这种过于严谨的治学方法提出了自己的见解。在给恩师藤原惺窝的书信中，罗山如是说：

> 朱子又曰：《大学》一书有《正经》，有《章句》，有《惑问》。看来看去不用《或问》只看《章句》了。又只看《正经》了。久之，自有一部《大学》在我胸中，而《正经》亦不用矣。其于余经亦如之。与夫象山顿悟不可同日而语也。唯望先生折中之，以兴儒学。[①]

罗山之所以希望惺窝能够折中陆九渊的顿悟说和朱子将经典装入胸中的为学论，是因为当时尽管以朱子学为主的儒学传入日本已有时日，但是相较于佛教还仅为滥觞，而未形成燎原之势。究其原因，罗山认为这或许与朱子学较为复杂的理论体系和过于苛刻的治学观不无关系。为了解决这一问题，罗山在这里才提出了“折中”这一权宜之计。如本书前章所论，此种“折中”在罗山的理气关系论上亦有所反映。无疑，罗山的这一观点与朱子勤奋不已、精细入微的为学方法论是有所不同的，但是这同时却为朱子学在日本的进一步发展创造了可能。

## 四、知行观

致知和格物的关系亦可比作“知”与“行”的关系。知行观是反映思

① [日]京都史迹会编纂：《林罗山文集》，第 14 页。

想家认识论的最为直接的一个侧面，同时也是其工夫论思想的主要依据之一。朱子在谈及做学问时，一言以蔽之，曰："只有两件事：理会，践行。"[①]而对这仅有的两件事及其相互关系，学者们有各种各样的认识。下文中将通过考察朱子与罗山在知行观方面的论述，分析罗山对朱子学知行观的继承和发展。

朱子的知行观可用三个词来概括，那就是知先行后、行重于知和知行互发。

首先，关于知先行后。朱子说："然天下之理不先知之，亦未有能勉强行之者。故大学之序先致知而后意诚，其等有不可躐者。"[②]这里，朱子从对八条目的解析入手，道出了他以知为先、以行为后的认识论观点。

其次，关于行重于知。朱子说："致知力行，论其先后固当以致知为先，然论其轻重，则当以力行为重。"[③]在此，朱子在再一次强调了他的知先行后观之后，道出了他所谓的"行重于知"的观点。另外，在朱子"学之之博，未若知之之要；知之之要，未若行之之实"[④]的论述中，也表明了相同的观点。

再次，关于知行互发。既然说知先行后，而且行重于知，就很自然地会给人以知、行截然为二的感觉，但是在朱子看来，知与行却是相即不离的一对范畴。朱子说："知行常相须，如目无足不行，足无目不见。"[⑤]这里朱子用眼睛和腿脚的关系来比喻知和行，指出获得学问就像走路一样，目与足缺一不可，知与行不能割裂。同时，知与行的关系不仅仅是相互依靠，而且是相得益彰。朱子说："知之愈明，则行之愈笃；行之愈笃，则知之益明。"[⑥]但是同时，知与行之间的平衡关系也至关重要。朱子

① (宋)黎靖德编：《朱子语类》，第 149 页。
② (宋)朱熹：《朱子全书》第 6 册，第 524 页。
③ (宋)朱熹：《朱子全书》第 22 册，第 2324 页。
④ (宋)黎靖德编：《朱子语类》，第 222 页。
⑤ (宋)黎靖德编：《朱子语类》，第 148 页。
⑥ (宋)黎靖德编：《朱子语类》，第 281 页。

说:“致知力行,用功不可偏。偏过一边,则一边受病。”[①]所以说在做工夫时,掌握好知与行之间的平衡,才能获得更为完整的学问。

基于这种知行观,朱子给出了他与之相符的学道观:“若知有未至,则就知上理会,行有未至,则就行上理会,少间自是互相发。”[②]也就是说,因为知与行是互发促进的关系,只要发现不足之处,不管它是在知上,抑或是在行上,在其本身处体认、弥补就可以了。不消多时,知与行之间便会互相影响、相互促进了。

在对朱子的观点有所了解之后,下文中将具体考察罗山对于朱子知行观的继承和发扬。

仅从可考证的资料来看,早期的日本思想家很少谈及知行观等认识论上的问题。这一问题真正开始被纳入论述范畴是在林罗山之后。比如,江户时代的日本朱子学派就可以根据认识论上的不同分为两大学派:一是以安东省庵、贝原益轩、新井白石、室鸠巢、五井兰洲、中井竹山、中井履轩、山片蟠桃、佐久间象山等人为代表的“主知博学派”;二是以山崎暗斋、大冢退野等人为代表的“体认自得派”。虽说认识论观点在日本思想家中的明确、分化以及形成是在罗山之后,但是在罗山身上已可见其端倪了。然而,罗山在这一问题上表现出来的却是疑惑。在罗山的《问对》中有这样的记载:

> 然有人曰:今书所载古今嘉言、善行所谓行也。《大学》致知、格物所谓知也。虽知行合一,而不知则不行。故先知而后行。则《小学》、《大学》前后无序欤?又所云礼乐射御书数是艺也。仲尼尝称志于道、据于德、依于仁、游于艺。艺者在道德仁之终。则《小学》、《大学》始终亦其序不同欤?[③]

罗山用设问的句式表明了他心中的不解。他说有人将现在书上所记载

① (宋)黎靖德编:《朱子语类》,第148页。

② (宋)黎靖德编:《朱子语类》,第148页。

③ [日]京都史迹会编纂:《林罗山文集》,第383页。

的前人有益的言行称为“行”，将《大学》中所记载的致知、格物称为“知”。虽说“知行合一”，但是在不知时便不行。由此推论，可以知道知与行的关系是知先行后的。可见，在这里罗山又借他人之口对阳明的“知行合一”说和朱子的知先行后说作了“折中”。到此好像还没有问题，但是在将这一观点落实到实际践行的层面上时，便出现了问题，那就是《小学》与《大学》的先后问题。

根据朱子的解释，“小学教人以洒扫、应对、进退之节，爱亲、敬长、隆师、亲友之道，皆所以为修身、齐家、治国、平天下之本”①。换言之，“小学是事，如事君，事父，事兄，处友等事，只是教他依此规矩做去。大学是发明此事之理”②。或者说，“小学者，学其事；大学者，学其小学所学之事之所以”③。所以说，如果按照知先行后的原则来学的话，应该是先学作为知的《大学》，然后再来践行《小学》中所教之事。同时，即使是按照孔子道、德、仁、艺的排序，因为《小学》中所说的各事应当属于艺的范畴，所以也应该先《大学》后《小学》。但是罗山认为，从直观上看，这都是先大而后小，不符合一般人的认识规律。

尽管罗山在这里似未明晰作为“行”之“知”的《小学》这一典籍的存在及内容，但是罗山的疑问还是不难理解的。同时，这也说明罗山已经注意到了知与行的关系问题，并试图在他的视野中给出答案。无疑，这在当时是难能可贵的，而且似乎正是因为有了罗山的这种问题意识的显现，在日本知行问题才越发受到重视，以至于后世知行问题的定着和论争出现。所以说，尽管罗山在知行问题上没有完整地继承朱子的理论，但是他就这一问题在日本朱子学的发展进程中的贡献却是不可抹杀的。

罗山不仅是日本朱子学的代表人物之一，同时还是一名杰出的易学家。下面对罗山关于易学的作品中表现出来的知行观加以略述。

---

① (宋)朱熹:《朱子全书》第24册，第3671页。

② (宋)黎靖德编:《朱子语类》，第125页。

③ (宋)黎靖德编:《朱子语类》，第124页。

在《林罗山文集》第30卷的《乾九三文言解》中有这样的记述：

> 或问乾九三文言之义。答曰：凡诸卦不知六爻，则一爻也不可解也。不独乾而已。乾有龙德，故五爻皆称龙，独九三不称龙直言人事，是上不在天，下不在田，而为人故也，姑捡旧说以抄于此。则九三之终日乾乾者欲进于道德、修其功业而不少懈也。进德则知至而进也；修业则知忠存义也。忠以推人信、以待物，则谁不尊亲之？是进德也。外理词教、内立诚实而内外相成，则功业可居。上云修业，下云居业是修之，则可以居也。九三处一体之极，是至也。至至，极也。居一卦之尽，是终也。知至者，处事之至而不犯咎，故可与共营。几几者，有理而未形之时，既知时节将至、理之欲到，可与共论几事也。既识事之先几，可与以成其事务，与犹许也。言可许之事，不谓此人共彼相与也。知终者全其终，竟是终尽之时，可与保存其义义者，宜也。保位而不失于事、得宜是存义也。使此一爻欲进知几也，欲退存义也。在进退之时，可进则进，可退则退，一进一退相行不悖。居上位，谓居下体之上，以其知终，故不敢骄；在下位，谓在上卦之下，以其知至，故务几而进，不可忧也。①

自以上引文不难看出罗山对于人的行为方式的见解。他通过对九三爻在乾卦中位置的解说推及人道，说明了人明确自己的位置的重要性。即：只有当人知晓了自己所在的位置，才能伺机行事，才能成就其功业。乾卦是具“龙德”之卦，所以除了九三爻之外的五爻都是以龙相称的。而九三爻之所以居于“龙德”之卦中，却“直言人事”，就是因为它在乾卦中所处的特殊位置，即“上不在天，下不在田”之位。从这一论述中不难看出罗山对于个人在整体当中所处位置的重要性的理解和强调。无独有偶，在上面的引文中罗山提到的“凡诸卦不知六爻，则一爻也不可解也”，似乎也在昭示这种部分与整体的关系，强调“位”的重要性，在此基础上

---

① ［日］京都史迹会编纂：《林罗山文集》，第332页。

才能采取与之相符的举动，尽管“居上位”也应知道是在“下体之上”，从而不可不知“终”，所以不得“骄”。而从另外的角度看，尽管可以说是“在下位”，但却是“在上卦之下”，而在下卦之“至”上，所以应该“务几而进”，而不应因之而“忧”。

继而，罗山认为当人明了了自己的位置之后，“时”的把握就将成为成事与否的关键。只有和那些“知时节将至、理之欲到”的人才可以“共论几事”。此处的“几”，应通“机”，是“时机”“机遇”之意。抓住机遇，伺时而动，方能成就功业。但是这里的“几”也会有所不同，在不同的“几”面前要学会认识和把握，从而正确判断是应“进”还是应“退”，并灵活地做到“在进退之时，可进则进，可退则退，一进一退相行不悖”。毋庸多言，罗山在这里表现出来的各正其位和因时而动的哲学思维是清晰可见的。

在同一篇文章中，罗山还说：“乾乾犹如健健也。天行健也。终日乾乾，勤而不息，因其时怵惕，则虽危无咎。”[①]在此，罗山不仅将“时”的哲学大智慧讲得清晰明了，更把天之“健健”与人之“乾乾”联系起来，将自己视野中的作为天人之学的易学观展现得淋漓尽致。如果将上述对于“位”和“时”的认知也认为是一种“知”的话，根据当时的状况伺机而后动的行为模式，无疑就是一种知先行后的表现了。

在考察了罗山在格物致知论上对朱子学的继承和发展之后，下节将具体考察罗山在持敬的工夫论上对朱子理论的继承。

## 第二节　敬

面对宇宙万有和大化苍生，作为天地之灵秀的人通过对在天之理和在人之性的了悟，明晰了彰显个我主体性的必要性，并借此形成了深沉的忧患意识。此意识发显于外时表现为“敬”。正如牟宗三先生所说：“天

① [日]京都史迹会编纂：《林罗山文集》，第332页。

命、天道乃通过忧患意识所生的‘敬’而步步下贯，贯注到人的身上，便作为人的主体。”[①]所以可以说只有“敬”的工夫做到了，才能打开天命下贯于人的通道，才可以使人能够清晰地意识到人之所以为人的终极道理之所在。与格物、致知一样，持敬同样是穷理工夫的重要组成部分。程子说："涵养须用敬，进学则在致知。”[②]如果说格物、致知的工夫是在事事物物上格，是一个即物求理的过程，是为学之道的话，那么涵养主敬的工夫则是一种意识，是一种态度，是人通明天理时所需怀具的心态。而且持敬和穷理本就是一体两面的存在。朱子说："主敬、穷理虽二端，其实一体。”[③]就是说持敬与穷理的关系是辩证统一的，是一体中的两个不同侧面而已。这也就决定了主敬与穷理在实践的过程中相得益彰、互为促进的关系。

为论述罗山对朱子学持敬工夫论观点的继承和发扬，下面首先来了解朱子的相关论述。

## 一、朱子之主敬

首先，朱子强调了持敬的重要性。朱子说："‘敬’字工夫，乃圣门第一义，彻头彻尾，不可顷刻间断。”[④]朱子将敬称为圣门第一义，给予了高度的重视。朱子还将敬作为圣贤教诲的根本，他说："尧是初头出治第一个圣人。《尚书·尧典》是第一篇典籍，说尧之德，都未下别字，‘钦’是第一个字。如今看圣贤千言万语，大事小事，莫不本於敬。”[⑤]同时，朱子更将敬与理相互关联，说："敬则万理具在。”[⑥]由此亦不难看出敬的重要性。因此，要穷究万物之理，就可以由敬上做起；达到物格、知至之后的状态自然也还是敬。所以朱子说“彻头彻尾，不可顷刻间断”。此外，敬

---

① 牟宗三:《中国哲学的特质》，上海古籍出版社 1997 年版，第 16 页。

② (宋)程颢、程颐:《二程集》，中华书局 2004 年版，第 188 页。

③ (宋)黎靖德编:《朱子语类》，第 150 页。

④ (宋)黎靖德编:《朱子语类》，第 210 页。

⑤ (宋)黎靖德编:《朱子语类》，第 206 页。

⑥ (宋)黎靖德编:《朱子语类》，第 210 页。

还是通往穷理及豁然贯通的捷径之一。朱子在"'敬'之一字，真圣门之纲领，存养之要法"一句后继续说："一主乎此，更无内外精粗之间。"[①]这句话可以理解为：在做到了主敬的工夫之后，便可以在内外精粗之间游刃有余，可以达到豁然贯通的境界了。

其次，在关于敬的内涵上，朱子说："'敬'之一字，真圣门之纲领，存养之要法。"[②]也就是说，敬是圣人门中的纲领性存在，是存养的重要方法与法则。而所谓"存养"，就是"如《论语》所言'居处恭，执事敬，与人忠'，'出门如见大宾，使民如承大祭'，'非礼勿视听言动'之类"[③]。简而言之，敬就是人在待人接物、视听言动时的法则之一，是一种态度，更是一种自觉。敬同时还是人的虚灵不昧之心得以昭示的一种状态。朱子说："惺惺，乃心不昏昧之谓，只此便是敬。"[④]而心灵的这种状态表现于外便体现在人的整齐严肃，严威俨恪，动容貌、整思虑，正衣冠、尊瞻视等具体细节上。朱子说："持敬之说，不必多言，但熟味'整齐严肃'，'严威俨恪'，'动容貌，整思虑'，'正衣冠，尊瞻视'此等数语，而实加工焉。"[⑤]然而，尽管心之不昏昧与整齐严肃等细节为敬的内外两面，但是就其关系而言，内在的不昏昧却是外在细节的必要条件。朱子说："今人说敬，却只以'整齐严肃'言之，此固是敬。然心若昏昧，烛理不明，虽强把捉，岂得为敬！"[⑥]所以说敬必须是一种通达"理"之后的发自内心而彰显于外的状态，若仅追求外在形式上的表象则难以称其为敬。

再次，关于主敬的方法问题，朱子这样说："因叹'敬'字工夫之妙，圣学之所以成始成终者，皆由此，故曰：'修己以敬。'下面'安人'、'安百姓'，皆由于此。只缘子路问不置，故圣人复以此答之。要之，只是个'修

---

① (宋)黎靖德编:《朱子语类》,第 210 页。
② (宋)黎靖德编:《朱子语类》,第 210 页。
③ (宋)黎靖德编:《朱子语类》,第 445 页。
④ (宋)黎靖德编:《朱子语类》,第 373 页。
⑤ (宋)黎靖德编:《朱子语类》,第 211 页。
⑥ (宋)黎靖德编:《朱子语类》,第 373 页。

己以敬'，则其事皆了。"[①]所以，可以用"修己以敬"归结敬之工夫的全部内容。此四字或可理解为以敬为标准去修炼自己，并最终达到敬之状态。可见要做到敬，就必须从自身做起。朱子如是说："如今看圣贤千言万语，大事小事，莫不本於敬。收拾得自家精神在此，方看得道理尽。"[②]要穷理，就必须先从切己之处开始，将自己的精神以敬为参照物收拾停当。另外，为了能够持敬，能够穷理，还应保持专注与专心，并且要始终如一。朱子如是归纳主敬的方法，他说："看道理不尽，只是不曾专一。或云：'主一之谓敬。敬莫只是主一？'曰：'主一又是敬字注解。要之，事无小无大，常令自家精神思虑尽在此。遇事时如此，无事时也如此。'"[③]所以要注意主敬不能够间断，无论有事还是无事之时，亦无论面对大事还是小事之时，都不能有须臾的间断。而所谓间断就是说："一念不存，也是间断；一事有差，也是间断。"[④]那么自何处下工夫才能达到敬呢？被问及"敬何以用工"[⑤]时，朱子答曰："只是内无妄思，外无妄动。"[⑥]这里再次强调了敬的内外两个方面的内容，即"无妄思""无妄动"。

## 二、罗山之主敬

罗山在主敬涵养的工夫论上很好地继承了朱子的理论。首先，罗山认为敬是心之主宰。在《敬止斋记》中，罗山如是说：

> 夫人之身之主谓之心，心之主谓之敬。朱门华屋无主则锁而空矣；堂堂七尺，心不为之主则血革肉块而已。此心之所以常存而不亡，莫如敬也。敬也者，一心之主宰而万事之本根也。[⑦]

---

① (宋)黎靖德编：《朱子语类》，第 207 页。

② (宋)黎靖德编：《朱子语类》，第 206 页。

③ (宋)黎靖德编：《朱子语类》，第 206 页。

④ (宋)黎靖德编：《朱子语类》，第 211 页。

⑤ (宋)黎靖德编：《朱子语类》，第 211 页。

⑥ (宋)黎靖德编：《朱子语类》，第 211 页。

⑦ [日]京都史迹会编纂：《林罗山文集》，第 188 页。

罗山认为心是身体的主宰，而敬是心的主宰。就像豪宅之中如若没有主人就只能锁门空置一样，人的身躯如若没有了心的主宰，人也就与行尸走肉无异了。在强调了心之于身的重要性之后，罗山继续将之引申下去，说心之所以能够常存于身内而不亡，就是因为有敬。敬是心的主宰，是万事的根本。可见，罗山在这里同朱子一样，也对敬给予了高度的重视。在他处，罗山也就敬与心的关系作了精辟的论述。他说："心兮本虚，应物无迹。若不敬，则高而无实，罔而不安。故存心之要无如笃敬，此心在焉，即敬也。"[①]心本来就是虚灵的存在，应接于物时不露任何痕迹。所以，如若不以敬来操守心，心就将好高骛远而难以敦实，就会迷茫不安。所以如若要让心常存于身内，其关键之处莫过于专注于敬，而心的存在就是敬的体现。罗山在此将持敬看作使心常存的重要条件，道出了敬的重要性。另外，罗山也基于他的神道观讲了敬与心的关系。他说："心为宅，神为主，敬亦为一心之主宰。故有敬则神来格，若无敬则亡本心，故为空宅，神何为来？止唯敬乎，敬所以合于神明也。"[②]罗山的这段话或许可以这样来理解：如果将心看成是一处屋宅，那么神和敬都是它的主人。但是，敬是第一义的，正因为心中有了敬，神才会来。而如果没有了敬的存在，心就像一处空宅一样，神又怎么会来呢？所以敬是与神相契合的。可见，罗山不仅在他的儒学视野中把敬置于至关重要的位置，即使是在他的神道思想中，亦把敬作为神之所以来的一个重要条件。

其次，关于敬的外在表现。罗山认为，因为敬是虚灵不昧、具万理以应万事的心的主宰，其表现自然也就有内外之分、大小之别。罗山说：

> 内焉存养，外焉九思九容。大而冠昏丧祭之礼，小而洒扫应对进退之节，皆莫不由之。是以小学之幼童不可不知焉。及其至也，虽圣人蔑以加焉。[③]

① ［日］京都史迹会编纂：《林罗山文集》，第848页。
② ［日］京都史迹会编纂：《林罗山文集》，第804页。
③ ［日］京都史迹会编纂：《林罗山文集》，第188页。

敬表现于内就是存养，而显现于外就是“九思九容”。所谓“九思”就是人心中应牢记并经常反思的九项原则。《论语·季氏》中有云：“君子有九思：视思明，听思聪，色思温，貌思恭，言思忠，事思敬，疑思问，忿思难，见得思义。”而所谓的“九容”就是《礼记·玉藻》中的“足容重，手容恭，目容端，口容止，声容静，头容直，气容肃，立容德，色容庄”。敬表现在诸如冠婚丧祭等大事上就是其间的礼数，而表现在日常生活中则是洒扫应对、进退出入的礼节。罗山认为，关于敬，即使是幼童也不能不知道，即使是圣人也不能有超出敬的作为。

再次，罗山认为敬是人的修身之本。既然敬是一心之主，又在人的生活层面无处不显现，那么做敬的工夫的必要性也就不待多言了。但是，《大学》又教人格物、致知、诚意、正心的修身之术，那么敬与所谓的修身的工夫之间又是何关系呢？罗山说：

> 敬者一心之主宰，万事之根本也，存之则所以直内也。义者心之制事之宜也，执之则所以方外也。德之所以立不在此乎？身之所以修不在此乎？凡身之所主者心也，心之所寓者身也。修身为本者，《大学》之教也；其所以修之者，敬身也。故格物致知诚意正心，悉是敬也。敬存于中则义立于外。[①]

在这里，罗山在再一次确认了敬作为心之主宰、万事之根本的地位后，又将《周易·系辞》中所说的“敬以直内，义以方外”之说导入进来，说存敬就可以直于内，增进人自身的道德修养；而义是心在处事时的标准，持有义者便可以外治于国。所说立德、修身都在于敬。心是身体的主宰，身体又是心存在的场所。所以《大学》告诫人们要以修身为本。那么应该如何来修呢？那就是要敬。同时，《大学》中所说的格物、致知、诚意、正心的工夫也都是敬的工夫。由此便不难看出，在罗山的工夫论体系中，敬的工夫不仅与格物的工夫具有同样重要的地位，同时还可以将此四条

① ［日］京都史迹会编纂：《林罗山文集》，第311页。

目涵括于其中。

另外，罗山在论述心统性情时，亦不忘论敬。罗山说：

> 张明公曰心统性情。夫性者其理也，五常是也；情者其用也，七情是也。气者其运用也，意者其所发也，志者其所用也，念虑者意之余也，身者其所居也。譬如同源而有派别，如一本而有枝干也。然此心虚而无迹，故难存而易亡，唯敬则斯存，能敬则身修。此心为身主，故无贵贱皆以修身为本，本正则性、情、志、气、念虑亦自正，可不敬乎？①

此处，罗山先从心统性情的理论出发，道出了心与性、情、气、意、志、念虑、身的关系，喻其为“同源而有派别”“一本而有枝干”，由是表明了心的重要性。但是，就是这样一个至关重要的“心”，却是虚而无迹、难存易亡的。为了使心能够常存，就必须持敬。“敬”的工夫做到了，就可以使身“修”。同时，不管贵贱尊卑，人所具有的心都是相同的，都是难存易亡的，所以做修身的工夫对于所有人来说都是不可或缺的。只有修身的工夫做到了，性、情、志、气、念虑等才会在其正位。

从以上的叙述中已不难看出罗山对于朱子工夫论的悉数继承，罗山本人更是将敬作了以下的总结：

> 敬者圣学之要也。程氏曰主一之谓也，又曰整齐严肃之谓也。谢氏曰此心惺惺法也，尹氏曰此心收敛不容一物，朱氏曰敬者一心之主宰，万事之根本也。看此等语，则先儒之所思可以见之。夫方寸之管摄一身，身之所动是心之所为也，心之所寓不外于身。虽然，心体本虚，应物无迹，若无敬则本心亡矣，故圣贤之学莫若此。②

罗山认为敬是圣学，即儒学之要领。在总结先儒对于敬的论述时，他说：程伊川说敬是“主一”，是“整齐严肃”；程门弟子谢良佐说敬是心的“惺

---

① ［日］京都史迹会编纂：《林罗山文集》，第 310 页。

② ［日］京都史迹会编纂：《林罗山文集》，第 311 页。

惺”之法；同为程门弟子的尹焞（和靖先生）说敬是心的“收敛”而“不容一物”之态；朱子说敬是“一心之主宰”，是“万事之根本”。罗山认为从上述总结就可以看出先儒的思想。紧跟其后，罗山给出了他对于敬的看法。罗山认为方寸之心却能够统帅、管摄人整个的躯体，同时因为心居于身内，身体的行动又会表现出心的作为。但是尽管如此，心却是虚灵的存在，应接万物于无形之间。如果没有了敬，这颗至关重要的心就将不复存立，所以罗山认为圣贤之学的纲要之所在就是这个“敬”字。由此可见罗山对于敬的深刻理解和透彻领悟。

### 三、慎独

如上所述，敬有于内于外的不同表现状态。而通常意义上的“慎独”之工夫，就是指在没有外在监督的情况下亦能保持身端行正，在视听言动以及思虑方面即“道”不离的一种持敬的状态。“慎独”无疑是人的自觉性的体现，而“慎独”之工夫则是真正意义上成就圣贤气象的必由之路。在天地宇宙之间，贯穿于整个生命时空中的审慎态度不应因在人前、显表而加，亦不应因在人后、内里而减，这才是圣贤之所当为。下文中将首先对朱子的“慎独”工夫论加以了解。

学者们通过对马王堆帛书和郭店竹简的解读发现“慎独”之“慎”应训为“诚”；“独”亦非独处、独居之意，而应该是在心之理的“未发”状态，也就是“意”。那么，“慎独”就应该解释为“诚意”。据此，朱子将“独”字解释为“独者，人所不知而己所独知之地也”①的做法确有偏误之处。不仅仅是“独”，对于“慎”，朱子也将其释为了“谨慎”。所以“慎独”在朱子的解释下成为“盖有他人所不及知而己独知之者，故必谨之于此以审其几焉”②也就不难理解了。

---

① （宋）朱熹：《朱子全书》第6册，第21页。

② （宋）朱熹：《朱子全书》第6册，第21页。

基于对“慎独”一词的上述理解，朱子在注释《中庸》中的“天命之谓性，率性之谓道，修道之谓教。道也者，不可须臾离也，可离非道也。是故君子戒慎乎其所不睹，恐惧乎其所不闻。莫见乎隐，莫显乎微。故君子慎其独也”[①]一文时说：

> 道者，日用事物当行之理，皆性之德而具于心。无物不有，无时不然，所以不可须臾离也。若其可离，则为非物而非道矣。是以君子之心常存敬畏，虽不见闻，亦不敢忽，所以存天理之本然，而不使离于须臾之顷也。隐，暗处也；微，细事也。独者，人所不知而己所独知之地也。言幽暗之中，细微之事，迹虽未形而几则已动，人虽不知而己独知之。则是天下之事无有见明显而过于此者，是以君子既常戒惧，而于此尤加谨焉，所以遏人欲于将萌，而不使其滋长于隐微之中，以致离道之远也。[②]

可见，朱子在这里立于他理本论的基础之上，道出了“慎独”之工夫的重要性。只有做到了时常心存敬畏和戒备，不使私欲萌发并滋长在不为他人所知的隐蔽之处，才可以叫作“慎独”；而只有“慎独”的工夫做到了，才可以使人不离于道。这里朱子所谓的“常存敬畏”是一种心态，而“遏人欲于将萌，而不使其滋长于隐微之中”的思维约束所成就起来的便是一种理性的自觉。处于这种心态和自觉之中，在洒扫应对之际，时刻不忘以纯然至善之理为准绳校正自己的言行思虑，工夫日久之后，必能达到“随心所欲而不逾矩”的境界。

在对朱子的观点作出概述之后，下文中将以《慎独说》为中心考察罗山在“慎独”之工夫方面的相关论述。

在罗山的文集中收录有《慎独说》一文，其全文如下：

> “慎独”二字，《大学》、《中庸》共有之，圣贤之所教也。独者，人

① 《中庸》，(宋)朱熹：《朱子全书》第6册，第32～33页。
② (宋)朱熹：《朱子全书》第6册，第32～33页。

之所不知，而我唯独所知之地也。所谓不愧天、不愧屋漏者乎。凡人阳为善、阴为不善；外为恭敬而内为怠慢；公为直而私为曲；在稠人之间为笃实，在闲居幽暗之中为诈伪。此等之类皆是所以不慎独也。故无内外、无公私，不二此心，能畏能敬谓之慎独。《大学》之所训、《中庸》之所诫，诚是圣贤之所教诲也。[①]

罗山说"慎独"二字是《大学》《中庸》两书中所共有的，是先圣先贤的教诲。所谓"独"就是不为他人所知而只有自己知道的地方。"慎独"之人便是那些无愧于天、无愧于屋漏之人，是光明磊落之人。那些在表面、在人前行善事，表现得公正、刚直、诚实，在人后、在暗里却为不善之事，表现出怠慢、歪曲以及奸诈虚伪的行为皆非"慎独"之举。罗山认为一心不二、时刻怀具敬畏之情是"慎独"的必要条件。为了能够达到即使在独处独居之时亦不违于心、不违于仁的境界，就必然需要下一番工夫，而这工夫便是涵养磊落胸怀的"慎独"的工夫。《大学》《中庸》中的这番训诫无疑是圣贤们留下的有益的教诲。同时，罗山认为，当做足严于律己、恪守信念的"慎独"之工夫时，便可"不愧天、不愧屋漏"，便可"无内外、无公私，不二此心，能畏能敬"，这就是"慎独"工夫之所成，是一种精神风貌的展现。

可见，尽管朱子对于"慎独"的训解有其偏失之处，罗山还是继承了这一说法。究其原因，无非有二。第一，朱子的解释比起正解似乎更易于理解，而简明的解释在罗山所处的社会环境中会使儒学的推广具有更强的生命力。第二，朱子的解释本身并无太多疏漏，或者可以说解释得十分自然，再加之罗山囿于考证资料的不足和他对朱子的推崇等原因，罗山对于朱子学说的忠实继承也就不难理解了。

综上所述，罗山在格物致知以及持敬涵养这两大工夫论上，以及在为学观、知先行后观、"慎独"等论述上都基本继承了朱子学的观点。在

---

① ［日］京都史迹会编纂：《林罗山文集》，第 311 页。

对于“格”字的解释上，罗山提出了他“此心、此理豁然贯通谓之格”的观点，发展性地继承了朱子的解释。同时，为了适应日本的社会环境和风土，在为学观方面，罗山提出了可以适当调和、折中朱子在读书方面太过苛刻的要求的看法。另外，在知行观方面，尽管罗山没能对朱子理论加以完整的继承，但却将关于知行的问题意识带入了日本思想界，为其后的学者们开展研究提供了契机。可以说，罗山的努力为朱子学在日本的本土化和进一步展开奠定了良好的基础。

# 第五章　理想人生之追求

如果说朱子学的宇宙论、本体论是通过对理和气的论述来明确人之所以为人，以及天地物我之间息息相通之本质特点的学问；心性论是通过对心统性情以及人心与道心、天地之性与气质之性的论述来明确人所具有的能够成就天地人格的可能性的学问；工夫论是通过讲述格物致知以及持敬涵养等修为之道，告诉人们成圣成贤的方法和途径的学问，那么境界论应该就是上述所有这些理论的归着之处，它告诉人们所应该到达的终极境界。这种境界是一种可以圆融于宇宙万有之间，与天地一体无隔的天地境界，是成就起来的圣贤人格。身处此境界之中，人将明确意识到自我之于天地宇宙间的主体性，确立起应有的责任感和担当感，进而为自觉践行人之为人之当为提供可能。具体说来，一个人的精神境界是通过内外两面展现出来的。首先，在内心深处的心态直接影响着人的思维感受。即便共处一处、同面一事，人也会因心态的不同而表现出不同的情感倾向，这一情感就是内在精神境界的外在展现。同时，这一外在表现也有广狭两个层面。从狭义上讲，这种感情体现在个人层面，就是所谓的喜怒哀乐和七情六欲；自广义上说，个我的情感又会对周围的人和物，进而对与人同禀一理的整个宇宙万有产生影响。所以说，人生境界的圆融通透非但可以让情感主体本身其乐融融，更会给整个世界带来积极的影响。而反之,也会将消极的影响扩充开去。所以,在作为天人之学的儒学视野中,给予了人格境界以高度的重视和关注。

本章将通过比对朱子与罗山在境界论上的异同,探究境界论层面上朱子学理论在日本的传播和发展。

## 第一节　圣贤境界

在儒学视野中,"天人合一"的境界应该是最高的圣贤境界了。立于天人同理、"天人感应"的理论基础之上,效法天道而挺立起来的为人之道无疑是最为圆融、和谐和自然的人道。与天地及大化洪流为一体,与宇宙万有息息相通,应时而动,与时俱进,可以随心所欲而不逾矩的境界便是这种天人境界的展现,同时也是儒者所追求的最高境界,是其探索宇宙观、心性论、工夫论的终极目的之所在。

### 一、朱子天人一理的圣贤境界

朱子说:"天即人,人即天。人之始生,得于天也。既生此人,则天又在人矣。"[①]朱子之所以在这里将人与天作等同化处理,无疑是基于他的理本论思想。他说:"天人本只一理,若理会得此意,则天何尝大,人何尝小。"[②]所以站在理学的视野之中,通晓了天人一理的道理,貌似渺小的人便能够傲视天地,挺立自我了。朱子赞曰:"人是天地中最灵之物。"[③]不但如此,人还能为天之不可为之事。朱子说:"天能生物,而耕种必用人;水能润物,而灌溉必用人;火能熯物,而薪爨必用人。"[④]朱子还说:

---

① (宋)黎靖德编:《朱子语类》,第 387 页。

② (宋)黎靖德编:《朱子语类》,第 387 页。

③ (宋)黎靖德编:《朱子语类》,第 2709 页。

④ (宋)黎靖德编:《朱子语类》,第 1570 页。

“人者天地之心。没这人时，天地便没人管。”[①]可见朱子在天人关系中对于人的重视。

但是，尽管说天人一理，却并非所有的人都能够将天理完美地展现出来，只有圣人方能达到这一境界。朱子说：“所以圣人能赞天地之化育，天地之功有待于圣人。”[②]不仅如此，圣人能在为天地之所不能的作为中成为天地之辅佐，正所谓：“天能覆而不能载，地能载而不能覆，恁地大事，圣人犹能裁成辅相之，况于其他。”[③]就圣人之殊能，朱子又说：“乾坤者一气，运于无心，不能无过不及之差。圣人有心以为之主，故无过不及之失。”[④]也就是说，圣人之所以能有过天地之处，就在于圣人有心以为其主，可以使其作为无过亦无不及。如此圣人自然有一番非凡气象。朱子在他的《近思录》的《圣贤》篇中便以孔子、颜子、曾子、孟子以及茂叔、明道为圣贤，并盛赞其气象说：

仲尼，天地也。颜子，和风庆云也。孟子，泰山岩岩之气象也。[⑤]

周茂叔胸中洒落，如光风霁月。[⑥]

伊川先生撰明道先生行状曰：先生资禀既异，而充养有道。纯粹如精金，温润如良玉。宽而有制，和而不流。忠诚贯于金石，孝悌通于神明。视其色，其接物也，如春阳之温。听其言，其入人也，如时雨之润。胸怀洞然，彻视无间。测其蕴，则洁乎若沧溟之无际。极其德，美言盖不足以形容。[⑦]

曾点之学，盖有以见夫人欲尽处，天理流行，随处充满，无少欠

① (宋)黎靖德编:《朱子语类》,第 1165 页。
② (宋)黎靖德编:《朱子语类》,第 1648 页。
③ (宋)黎靖德编:《朱子语类》,第 2709 页。
④ (宋)黎靖德编:《朱子语类》,第 1648 页。
⑤ (宋)朱熹:《朱子全书》第 13 册,第 282 页。
⑥ (宋)朱熹:《朱子全书》第 13 册,第 284 页。
⑦ (宋)朱熹:《朱子全书》第 13 册,第 284 页。

阙。故其动静之际，从容如此。而其言志，则又不过即其所居之位，乐其日用之常，初无舍己为人之意。而其胸次悠然，直与天地万物上下同流，各得其所之妙，隐然自见于言外。[①]

这里所有这些描述都是朱子心中所崇敬之圣贤境界的尽显。天地、泰山、春阳、和风庆云、光风霁月，无不洒脱磊落，自然而无半分造作。

## 二、罗山之“与天地同流”的境界追求

罗山作为日本的儒学大家，其精神境界自然也别有一番天地。下面，笔者将通过罗山的《地天泰解义》一文来窥探罗山所追求的“与天地同流”的至高境界。

作为日本著名朱子学家的罗山，同时也是一名杰出的易学家。在《林罗山文集》第63卷中的《卦爻十翼考略》中，就收录有林罗山对几组卦爻辞的考证。例如乾卦，在画出了由六个阳爻组成的乾卦的卦画后，罗山注上了“伏羲画”[②]。又在“乾下乾上”[③]的下面注上“王弼所加；或云费直所加”[④]等，并分别注释了“乾，元亨利贞”[⑤]、“初九，潜龙勿用”[⑥]等卦辞和爻辞的作者等信息。此后，又对坤卦和屯卦作了同样的注释。通过罗山对于这些卦画及卦爻辞的注释，可以看出他严谨的治学态度和深厚的易学功底。在学易解易的过程之中，罗山也将他所追求的天人境界寓于其中。在《地天泰解义》一文中，罗山说：

地天泰者，即是三阳交泰也。乾三画来居内，坤三画来居外，乾坤者天地之性情也，天地者乾坤之形体也。天气贯通于地中，所谓天气下降、地气升腾、阴阳交感、寒暑往来、四时移换，古今不违……

---

① (宋)朱熹：《朱子全书》第6册，第165页。

② [日]京都史迹会编纂：《林罗山文集》，第752页。

③ [日]京都史迹会编纂：《林罗山文集》，第752页。

④ [日]京都史迹会编纂：《林罗山文集》，第752页。

⑤ [日]京都史迹会编纂：《林罗山文集》，第752页。

⑥ [日]京都史迹会编纂：《林罗山文集》，第752页。

于人事而言之，君父乾道也，臣子坤道也……于人身而言之，乾坤者阴阳也，上下也，人身之上体下体也。[①]

在这里，罗山首先将泰卦的符号系统作为他论述的基础，进而讲述“乾坤”之道，然后讲述“君”“臣”“父”“子”的“人事”，其后再进一步聚焦于人的身体，即“人身”上来讲述他易学视野中的天人关系。紧随其后，罗山继续将他心中向往的、“与天地同流”的圣贤境界展现出来。他说：

于人心而言之，泰九二取乾坤之诚是天道也；泰六五取坤道之敬是地道也。诚之、敬之是人道也。天道之理固有之者，人心也。如是则心广体胖。诚敬者，人道之枢要、五常百行之本源也。其德之润身与天地同流，乃圣贤之所传授也。是人心之泰乎？三才之安泰皆备于一心不亦善乎?![②]

好一个以德润身“与天地同流”的恢弘气势！罗山从乾坤之道、天地之道讲到诚敬之人道，从“心广体胖”的个人世界讲到将“三才之安泰皆备于一心”的天人一体，再到通泰和谐的人伦社会环境，罗山在此展现出来的是何等壮丽的理想境界啊！

与朱子一样，罗山也盛赞孔子曰：“圣人后天地而生，知天地之始；先天地而没，知天地之终。故曰：仲尼元气周流也。亘宇宙而无穷继。”[③]赞曾子曰：“此心宽体胖，孝经不刊，传习所贵，三省一贯。”[④]赞濂溪曰：“濂溪山水之美者也。山水有内外而人游其中，人身亦有内外而此心亘宇宙无所穷。”[⑤]赞明道曰：“动静心均，道在伯淳，傍花随柳，与物为春。”[⑥]可见，罗山与朱子相同，也用浩大且洒脱的自然境界来比拟并盛赞圣贤的人格气象，并将其个我之向往寄寓其中。

---

① ［日］京都史迹会编纂：《林罗山文集》，第333～334页。

② ［日］京都史迹会编纂：《林罗山文集》，第334～335页。

③ ［日］京都史迹会编纂：《林罗山文集》，第535页。

④ ［日］京都史迹会编纂：《林罗山文集》，第537页。

⑤ ［日］京都史迹会编纂：《林罗山文集》，第541页。

⑥ ［日］京都史迹会编纂：《林罗山文集》，第541页。

## 第二节 乐之境界

在众多的人生境界中，乐的境界是一种高尚而质朴的境界。它不似圣人的天地境界般恢宏博大，却可以在胸中涌动澎湃让人乐在其中。圣贤之乐往往表现在不同的方面，如：孔子有“有朋自远方来，不亦乐乎”[①]之乐、“发愤忘食，乐以忘忧”[②]之乐、“饭疏食，饮水，曲肱而枕之，乐亦在其中矣”[③]之乐，孟子有“万物皆备于我矣，反身而诚，乐莫大焉”[④]之乐。

单就读书之乐而言，既有程子读《论语》后的“不知手之舞之足之蹈之”之乐，亦有曾点“不过即其所居之位，乐其日用之常”但却“胸次悠然，直与天地万物上下同流”之乐，亦有朱子的学易之乐。朱子在书信中提及他读《易》的感受时，如是说：

> 玩之久熟，浃洽于心，则天地变化之神，阴阳消长之妙，自将了于心目之间，而其可惊可喜可笑可乐，必有不自知其所以然而然者矣。言之不尽，偶得小诗以寄鄙怀，曰：忽然半夜一声雷，万户千门次第开。若识无心涵有象，许君亲见伏羲来。[⑤]

朱子更在他的诗中表达了他的读书之乐，朱子有诗曰：“昨夜江边春水生，艨冲巨舰一毛轻；向来枉费推移力，此日中流自在行。”[⑥]“半亩方塘一鉴开，天光云影共徘徊；问渠那得清如许，为有源头活水来。”[⑦]这些为后人耳熟能详的诗句中透显出来的，是一番多么清澄圆融、洒脱豁然的精神境界啊！其乐处自不待言。

---

① 《论语·学而》，(宋)朱熹：《朱子全书》第6册，第67页。
② 《论语·述而》，(宋)朱熹：《朱子全书》第6册，第125页。
③ 《论语·述而》，(宋)朱熹：《朱子全书》第6册，第124页。
④ 《孟子·尽心上》，(宋)朱熹：《朱子全书》第6册，第426页。
⑤ (宋)朱熹：《朱子全书》第21册，第1668页。
⑥ (宋)朱熹：《朱子全书》第20册，第286页。
⑦ (宋)朱熹：《朱子全书》第20册，第286页。

在谈及曾点之乐时，朱子加注说：

> 曾点之学，盖有以见夫人欲尽处，天理流行，随处充满，无少欠阙。故其动静之际，从容如此。而其言志，则又不过即其所居之位，乐其日用之常，初无舍己为人之意。而其胸次悠然，直与天地万物上下同流，各得其所之妙，隐然自见于言外。[①]

革尽人欲后，天理遂显现于外，虽无舍己为人之意却亦能在日用之间洒脱自然，与天地同流，以其“乐”与天地他人感而遂通，挥洒其无限的圣贤魅力。与曾子相同，在颜回身上也透显出了这种大我之乐。孔子说：“贤哉，回也！一箪食，一瓢饮，在陋巷。人不堪其忧，回也不改其乐。贤哉，回也！”[②]可见，被称为“亚圣”的颜回也是这种乐的境界的最好践行者之一，这或许就是他能够在后世被奉为“七十二贤”和“孔门十哲”之首的原因之所在。

下文中将通过比较罗山和朱子在境界论方面的论述，分析罗山对朱子学思想的继承和发展。

## 一、颜子之乐

朱子对孔子称赞颜回的“贤哉，回也！一箪食，一瓢饮，在陋巷。人不堪其忧，回也不改其乐。贤哉，回也”[③]这段话注释说：

> 食，音嗣。乐，音洛。箪，竹器。食，饭也。瓢，瓠也。颜子之贫如此，而处之泰然，不以害其乐，故夫子再言“贤哉，回也！”以深叹美之。程子曰：“颜子之乐，非乐箪瓢陋巷也，不以贫窭累其心而改其所乐也，故夫子称其贤。”又曰：“箪瓢陋巷非可乐，盖自有其乐尔。其字当玩味，自有深意。”又曰：“昔受学于周茂叔，每令寻仲尼颜子

---

① (宋)朱熹：《朱子全书》第6册，第165页。

② 《论语·雍也》，(宋)朱熹：《朱子全书》第6册，第112页。

③ 《论语·雍也》，(宋)朱熹：《朱子全书》第6册，第112页。

乐处，所乐何事？”[①]

可见，朱子借孔子、程子之口对颜回虽箪食瓢饮，居于陋巷而不改其乐的精神风貌作出了很高的评价。不仅如此，朱子还在颜回乐的境界中看到了“大勇”之处。朱子说：

如今人多将颜子做个柔善底人看。殊不知颜子乃是大勇，反是他刚果得来细密，不发露。如个有大气力底人，都不使出，只是无人抵得他。孟子则攘臂扼腕，尽发于外。论其气象，则孟子粗似颜子，颜子较小如孔子。孔子则浑然无迹，颜子微有迹，孟子，其迹尽见。然学者则须自粗以入细，须见刚硬有所卓立，然后渐渐加工，如颜子、圣人也。[②]

可见朱子对颜回赞赏之深。

与朱子相同，罗山也对颜回贫贱不移、自得其乐的精神境界赞赏有加。罗山说：

譬诸他山之石可以攻玉，故曰玉汝，是以天欲授大任于此人，则必苦其虑、饿其身而动心忍性，然后玉成显。且《中庸》所谓素行之学，虽富贵、虽贫贱莫不自得焉。伯夷之薇蕨、颜子之箪瓢不亦玉乎？不屑彼玉食矣。[③]

这里，罗山用玉汝于成来讲人的修养工夫，将颜回的箪食瓢饮视为美玉。这是对颜回贫贱不移的精神的赞美，更是对颜回“虽贫贱莫不自得”的乐的境界的褒扬。

然而，罗山的赞美和褒扬却是深沉的，绝非人云亦云似的一味追捧。罗山对颜回的乐同时提出了疑问。罗山说：

颜渊在陋巷，箪食瓢饮，人不堪其忧，颜渊不改其乐。与仲尼疏食饮水曲肱之乐，可谓合符。虽然，彼事其亲也，以如此之贫窭，而

---

① (宋)朱熹:《朱子全书》第 6 册，第 112～113 页。

② (宋)黎靖德编:《朱子语类》，第 1244 页。

③ [日]京都史迹会编纂:《林罗山文集》，第 337 页。

乏甘旨之奉，背嗜好之志不能无忧也。谓之忧乐一致乎？后世如范仲淹尚谓“先天下之忧而忧，后天下之乐而乐”，况于亚圣乎？圣人虽有忧世之意，然其所谓乐在其中欤？奈何？[1]

在这一段中，罗山首先肯定了颜渊“在陋巷，箪食瓢饮”而“不改其乐”的做法与圣人孔子“疏食饮水曲肱之乐”的共通之处。但是，罗山就以粗茶淡饭侍奉父母，以及放弃原本所嗜好之志向等做法提出了疑问。这是因为罗山认为无论是从“孝”的层面上说，还是从“志”的方面上讲，颜渊的做法都是不无问题的。既然有问题，便理当忧之患之。但却说乐在其中，难道是将忧和乐融为一体了吗？接着，罗山用范仲淹的“先天下之忧而忧，后天下之乐而乐”的“乐”与颜渊之乐相对比，道出了颜渊之乐的狭隘之处。

从这一疑问的提出上看，罗山心目中对于乐的境界的理解之深远可见一斑。罗山的乐是一种更深沉的乐，那不仅仅是处于逆境之中却能泰然处之，居于陋巷、箪食瓢饮而不移不屈的乐观心态，更是一种将家国天下之事据为己任后的、发自于内心之忧患意识的乐。引而伸之，可以说罗山认为乐的境界应该是一种置身于天人一体的宇宙中的大我之乐，不能与简单的乐观心态同日而语。当然，罗山的这种疑问是基于他所处的时代及文化背景下的疑问，有其积极性亦有其片面性。

颜子之所以被世人谓之“亚圣”，与他所持有的乐的境界分不开。既然罗山对颜子之乐提出了疑问，那么对他的“亚圣”之称产生怀疑自然也就不难理解了。罗山在他的《问对》中说：

或问曰：“先儒有云：‘颜子亚圣也。’又云：‘颜子去圣人毫发间也。’至其白发年，如而立乎？天若假年于颜子乃及六七十，则如耳顺、如不逾矩乎？纵使不短命，果不及仲尼乎？先儒又云：‘孔颜一体。’其所谓一，何哉？虽其老矣，终亦不及仲尼，则不可谓一体乎？

[1] ［日］京都史迹会编纂：《林罗山文集》，第389页。

而立年若与白发年可以异，亦不可谓一体乎？然则果唯亚圣欤？”①

这里罗山的疑问集中在两个方面。一是颜子圣人境界的可持续性问题。就是说，如果颜子能够活到六七十岁的话，他是否能够在他的白发之年保持他而立之年时的风貌呢？能否做到耳顺而知、从心所欲而不逾矩呢？如若颜子能够长寿，却还不能达到孔子的境界，又当如何视之呢？二是关于孔子与颜子的差异与统一的问题。罗山对所谓的“孔颜一体”的“一”提出了疑问。如果颜子能够至其老年，最终也不及孔子的话，还能谓之“一”吗？如果说而立之年与白发之年可以有差异的话，那又怎能说是“一体”呢？还是颜子就只能是一位“亚圣”呢？

从这种假定的设问方式中不难看出罗山的辩证思维倾向，可以理解为这是罗山对于颜子箪食瓢饮之乐的可持续性提出的质疑。换言之，罗山认为颜子之乐可能是一种仅在相对较短时间内才能得以维持的心态，而并非是一种境界。而真正的乐的境界应该是如上所述的那种更深沉的，建立在对家国天下之忧患意识之上的精神境界。

之所以说在这里罗山对于颜子箪食瓢饮之乐持有的疑问是深沉的，是因为这是就颜子的乐的意识而言的，而不是仅针对其生活境遇本身来说。通过对罗山作品的研读可以发现，罗山不是一个追求享乐之人。相反，罗山的生活态度是非常简朴的。在《林罗山文集》中收录有《肩冲》一文，由此文不难看出罗山对于富贵贫贱的看法：

> 茶具甚多，其至贵者，号曰肩冲。盖一握之小壶，实碾茶者也。而其直或数百金、或数千金。裹之以锦绣、盛之以方盆、藏之以巾笥……唯以茶器之眇小而若是之至贵高价是何也？可恠之甚也。②

所谓“肩冲”，是茶壶的一种。这里罗山从肩冲开始，谈及日本茶道的茶室及其用具等，字里行间透露出对于这种奢华的不屑。由此可见罗山追

① ［日］京都史迹会编纂：《林罗山文集》，第379～380页。

② ［日］京都史迹会编纂：《林罗山文集》，第663～664页。

求素朴的生活态度。同时，这种俭朴的生活方式也是朱子所提倡的。如朱子云："问：'俭就那处看？'曰：'俭只是用处俭，为衣冠、服饰、用度之类。'"[①]可见，不仅在思想理论上，即使是在生活态度上，罗山也很好地继承了朱子的训诫。由是反观罗山对于颜子的疑问之处可知，罗山的质疑并不是源于对颜子贫困简瘠的生活境遇的排斥，而是就颜子之乐的境界本身而言。

## 二、吟风弄月

朱子有词一首：

长记与君别，丹凤九重城。
归来故里，愁思怅望渺难平。
今夕不知何夕，得共寒潭烟艇，一笑俯空明。
有酒径须醉，无事莫关情。
寻梅去，疏竹外，一枝横。
与君吟弄风月，端不负平生。
何处车尘不到，有个江天如许，争肯换浮名。
只恐买山隐，却要链丹成。[②]

朱子在词中表现出来的"与君吟弄风月，端不负平生"的精神境界是何等的风流倜傥、洒脱自在啊！尽管朱子强调格物的工夫，强调敬的心境，但是这并没有压抑他对丰富多彩的精神境界的追求。在《论语・先进》中有这样的记载：

子路、曾皙、冉有、公西华侍坐。子曰："以吾一日长乎尔，毋吾以也！居则曰：'不吾知也！'如或知尔，则何以哉？"子路率尔而对曰："千乘之国，摄乎大国之间，加之以师旅，因之以饥馑，由也为之，

---

① （宋）黎靖德编：《朱子语类》，第509页。
② （宋）朱熹：《朱子全书》第20册，第560～561页。

比及三年，可使有勇，且知方也。”夫子哂之。“求，尔何如？”对曰：“方六七十，如五六十，求也为之，比及三年，可使足民；如其礼乐，以俟君子。”“赤，尔何如？”对曰：“非曰能之，愿学焉！宗庙之事，如会同，端章甫，愿为小相焉。”“点，尔何如？”鼓瑟希，铿尔，舍瑟而作。对曰：“异乎三子者之撰！”子曰：“何伤乎？亦各言其志也。”曰：“莫春者，春服既成；冠者五六人，童子六七人，浴乎沂，风乎舞雩，咏而归。”夫子喟然叹曰：“吾与点也。”

朱子对曾点不同于其他三子之为而“浴乎沂，风乎舞雩，咏而归”的说法，如是注释曰：

曾点之学，盖有以见夫人欲尽处，天理流行，随处充满，无少欠缺。故其动静之际，从容如此，而其言志，则又不过即其所居之位，乐其日用之常，初无舍己为人之意。而其胸次悠然，直与天地万物上下同流，各得其所之妙，隐然自见于言外。①

显然，这里朱子在以“六经注我”的方式阐明自己的观点。朱子先借曾点之答表明了他所主张的“人欲尽处，天理流行”，而后进一步表明了他对曾点的回答方式的赞叹和感同，说曾点所做之事不过是居于常位、乐于日用，起初并没有什么舍己为人的高尚之举，但是就是因为有了这坦荡的胸怀，才感通于天地万物之妙处，使己志超然于言语之外。也就是说，曾点的这种洒脱倜傥是一种以境界感化人物的妙举。

在《林罗山文集》中也有《吟风弄月论》一文评点曾子之为，罗山说：

圣人以孝弟忠信为教，曾点所愿则学孔子也，而浴沂风雩，何也？考亭以格物穷理为要，朱子所愿则慕周子也，而吟风弄月，何也？夫人欲净尽、天理流行，曾氏之风月乎？若非孝弟忠信其不可得也。心节清冽、胸宇洒落，茂叔之风月乎？若非格物穷理，亦其不可得而致也。②

---

① （宋）朱熹：《朱子全书》第6册，第165页。

② ［日］京都史迹会编纂：《林罗山文集》，第268页。

尽管罗山在这里对曾点的“浴沂风雩”是否符合孔子“孝弟忠信”之教，茂叔的“吟风弄月”是否有碍于“格物穷理”的朱子本然之色的问题提出了异议，但是同时这也可以认为是罗山对于曾点、茂叔的褒扬。从另一个角度上说，作为孔子的高第，曾点的“浴沂风雩”应该也是圣人所授孝悌忠信的一种表现，而不仅仅是朱子所谓的“人欲净尽”后的“天理流行”。也或许正因为如此，孔子才会在最后说出那句“吾与点也”，以之对其行为作出最大的肯定。与之相同，朱子所向往的的确是周茂叔心节清冽、胸宇洒落的一面，但是如若他没有自身格物穷理的工夫，也是难以入化于其中的。所以罗山认为只有在孝悌忠信以及格物穷理的工夫之上方能渐入佳境，将心中风月洒脱于外。无疑，在这里罗山表现出来的是一种理性的思维，这种思虑尽管可能不及曾子“浴沂风雩”时的洒脱、不若茂叔“吟风弄月”般的倜傥，但却不失思想家所应该具有的犀利。若说“吟风弄月”是一种境界，对于这一境界的客观审视又何尝不是一种境界呢？在同一篇文章中，罗山继续说：

> 若列夫子御风而行，冷然善也。而尚有数数之讥，况于知道乎？谛仙醉而捉月，熏乎？其不可留也。而亦死而不吊者三，居一与此。况于见理乎？[①]

此处，罗山又将列夫子御风而行、逍遥游于天地之间的境界和李白仗剑行万里、斗酒笑九天的境界引入进来。但是罗山亦未给予肯定，而是谓其为“不可留”者，并将李白之溺亡列于死而不吊之列。人生境界不惧豪迈和洒脱，但是在“知道”“见理”方面却应审慎为之，这应该就是罗山之于逍遥的态度了。罗山又大胆假设说：“人人浴沂风雩，然与曾氏如何？家家吟风弄月，然与茂叔亦如何哉？”[②]这可以视为罗山对曾子与周子之超凡境界的肯定。罗山继而给出了他“心中自有风月”的结论：

---

① [日]京都史迹会编纂:《林罗山文集》,第 268 页。

② [日]京都史迹会编纂:《林罗山文集》,第 268 页。

> 世人唯知天地之间有风月，而不知我心中自有风月也。若知夫风与月乎，则无时无处不有风月之可吟可弄，何天地与心之异有？呜呼！诚身之乐，万物皆备于我，岂翅风月而已哉。然诚身之乐岂在孝弟忠信之外哉？且其为人也，孝弟忠信未之有。而后格物穷理者，亦未之有也。是所以圣人与曾氏之志，朱子得周子之统者也。然则所谓吟风弄月，非逸游也，亦非玩物丧志也，亦非若骚人墨客。①

这里罗山警醒世人，令其不要只知道天地之间所谓的自然之风月，而未了悟每个人心中所自有的风月。如果明白了人心之中尽有风月的道理，那么就可以随时随地地来体验那种潇洒自如的精神境界了。这种境界亦是一种乐的境界，是在诚备于身之后体味出的"万物皆备于我"的乐的境界。进而，罗山引明道、康节之诗，并赞之曰：

> "云淡风轻近午天，傍花随柳过前川"，此非程明道之诗乎？"梧桐月向怀中照，杨柳风来面上吹"，此非邵康节之诗乎？呜呼！二老风流之人，豪哉！②

程颐在《春日偶成》诗中所表达的是一种平淡自然、朴实却又不失情趣的境界，是理学家对于宇宙自然发出的由衷的慨叹，同时也是一种乐在其中、超凡脱俗的体悟工夫，正所谓"时人不识余心乐，将谓偷闲学少年"，这无疑也是罗山所追求的精神境界。罗山又引邵雍的《首尾吟》来表达自己的向往，那是因为"尧夫非是爱吟诗，虽老精神未耗时。水竹清闲先据了，莺花富贵又兼之。梧桐月向怀中照，杨柳风来面上吹。被有许多闲捧拥，尧夫非是爱吟诗"中所描画的"梧桐月向怀中照，杨柳风来面上吹"的意境，与明道的境界有异曲同工之妙，同时亦可抒罗山之己怀。罗山赞"二老"为"风流之人"，谓这种潇洒却不轻狂、恬淡又不失深度的理

---

① [日]京都史迹会编纂：《林罗山文集》，第268～269页。

② [日]京都史迹会编纂：《林罗山文集》，第269页。

学意境为“豪哉！”

罗山在这篇《吟风弄月论》中展现出了他所认为的理想境界，那就是基于孝悌忠信和格物致知之上的洒脱自在，与天地万有相契合后的诚身之乐。此境界之高远，相较于朱子之境界亦毫不逊色。这无疑是对朱子学的继承，同时也是一种基于罗山独有的理学视角的发展。

罗山在境界论上对于朱子思想的继承，势必会引发他对陆王心学中所言之境界的抵触。因为相比于罗山境界的朴实，阳明的境界似乎太过高深。罗山说：

> 周子之主静；明道之动亦定、静亦定；伊川之主一；朱子之穷理，各有所悟入处，其成功一也。至皇明一代之巨擘，如陈白沙之静坐、王阳明之良知，虽有高明，然不平易欤！[①]

在这里，罗山在盛赞了周子、明道、伊川和朱子的“成功”之后，对于陈白沙的静坐和王阳明致良知之境界的评价则是“不平易”，以之来斥其难解不定。罗山还认为，“象山似庄周”[②]。如前所述，罗山曾将庄子与李白并论，以“不可留也”对之加以了否定，这里的“象山似庄周”自然便可理解为罗山对象山的间接否定了。此外，罗山还曾评价象山兄弟说：“余想梭山、象山亦是曾点之见解，却无颜子之工夫者也。”[③]道出了二兄弟之境界在工夫上的不足之处。罗山还将陆王合论，说：“象山、阳明非不高也，然自葱岭带来而蓬莱谪去乎？”[④]用陈来的话说，“这种用‘高’来批评心学的讲法也是朱子学的典型批评方式，这里的‘高’是与平实相对，表示工夫的躐等、不平实，和境界的虚旷”[⑤]。罗山还以来去于汉国疆界的葱岭和蓬莱的比喻来形容象山和阳明的人格气象虽博大却有失踏实、太

① [日]京都史迹会编纂：《林罗山文集》，第852页。

② [日]京都史迹会编纂：《林罗山文集》，第14页。

③ [日]京都史迹会编纂：《林罗山文集》，第14页。

④ [日]京都史迹会编纂：《林罗山文集》，第529页。

⑤ 陈来：《林罗山的理学思想》，《哲学门》2002年第2期。

过虚旷。通过对陆王的批判，更加彰显了罗山对朱子之“成功”的褒扬。

在关于乐的境界的叙述中，罗山不仅表现出了对朱子学说的忠实继承，同时更在评点曾子、颜子之乐时彰显出了他深沉的忧患意识和对于大我之乐的追求，以及寓风月于吾心的深远意境。此外，罗山将朱子学格物穷理的工夫论思想时刻置于其境界论的视野之中，显现出了他虽志愿风流洒脱，却不忘勤勉于行的谨慎态度。

## 第三节　现实人生角色意识之应然自觉

精神境界彰显于日常的洒扫应对之中时，便表现为人对于现实人生角色意识的应然自觉，或者可以说成是一种纲常伦理之观念。本节将从此角度出发，对罗山在境界论上对于朱子学思想的继承和发扬进行论述。

为了成就起一个有序和谐，圆融而通泰的人文社会秩序，就必须要有一个道德伦理观念的把持。于是，朱子便立于他的理学视野之中，广采先儒之所成，进一步完善了纲常伦理的思想，并为其提供了以理为基础的价值依据。所以，纲常观念是朱子思想中的又一主要内容。关于纲常与理的关系，朱子说：“宇宙之间一理而已，天得之而为天，地得之而为地，而凡生于天地之间者，又各得之以为性，其张之为三纲，其纪之为五常，盖皆此理之流行，无所适而不在。”[①]所以说在朱子处，三纲五常皆本源于理，同时又是理的不同表现形式。所以理自然也就贯彻于纲常之中了。朱子说：“理只是这一个。道理则同，其分不同。君臣有君臣之理，父子有父子之理。”[②]因为君臣父子之序皆发源于理，所以作为宇宙本体论、心性论之根基的理在下贯于人际时也便成了纲常之根基。

---

① （宋）朱熹：《朱子全书》第23册，第3376页。

② （宋）黎靖德编：《朱子语类》，第99页。

罗山对朱子的这一主张持赞同的态度，他通过对泰卦的解释，阐明了他的这种人伦观点。罗山说：

> 地天泰者，即是三阳交泰也。乾三画来居内，坤三画来居外，乾坤者天地之性情也，天地者乾坤之形体也。天气贯通于地中，所谓天气下降、地气升腾、阴阳交感、寒暑往来、四时移换，古今不违……于人事而言之，君父乾道也，臣子坤道也。男治外犹天也、阳也；女治内犹地也、阴也。君父之尊也，臣子之卑也，犹如天地奠位而不可乱也。然上心下通、下情上抒。君臣父子之道相行，上下贵贱之义相接，阴阳内外之理相协。是所以天道行于上，而人伦明于下也。是天下国家之泰乎。[①]

罗山在解泰卦时，先从泰卦的符号系统开始发论，进而讲述了“乾坤”之“天道”，然后引而深之讲述“君”“臣”“父”“子”的“人事”，将人伦与天道相关联，从而为人伦之纲常提供了不可撼动的价值根基。

另外，罗山还立于自然规律之本然的角度给出了人伦纲常的合理性解释。罗山说：

> 《诗》云：“鸢飞戾天，鱼跃于渊。”言上下察也。程伯子曰：子思为人处吃紧，活泼泼地。夫天地上下之间，鸢不跃于渊，鱼不戾于天。君尊在上，臣卑在下；父有父道，子有子道；男治外，女治内。此道万古如此，常常不变。故举鸢鱼，以明道体之在面前者，与活物跃动相似。[②]

就是说，就像自然界中鸢飞在天、鱼跃于渊的规则不可更改一样，君臣、父子、男女之道也皆不可有些许的造次。所以可以用鸢飞鱼跃之自然法则来比拟“道体”，使之更加鲜明。无疑，这是罗山继“天道”后，为纲常存在的合理性给出的又一根据。

---

① ［日］京都史迹会编纂：《林罗山文集》，第333～334页。

② ［日］京都史迹会编纂：《林罗山文集》，第851页。

由此不难看出，尽管罗山与朱子的论述方式和切入点有所不同，但是就以天道为根据来论述人道纲常之合理性这一点上讲，罗山与朱子无论是在思想内涵上，还是在结论上都如出一辙。由此亦可见罗山对朱子学理论的继承。

“孝悌”可以说是纲常伦理中最为重要的支柱之一。下面，笔者将聚焦于孝悌，对朱子与罗山伦理思想的异同进行更为具体的考察。

首先，朱子以道和理作为终级的价值依据，说明了孝悌之合法性存在。朱子说：“所谓道者，只是日用当然之理。事亲必要孝，事君必要忠，……皆是道也。”[①]又说：“万物皆有此理，理皆同出一原。但所居之位不同，则其理之用不一。如为君须仁，为臣须敬，为子须孝，为父须慈。”[②]可见，在关于孝的论述中，朱子学理本论的作用再次发显，给出了孝之存在的根基。

其次，朱子论述了孝悌与“仁”之间的关系。朱子说：“仁是理之在心者，孝弟是此心之发现者。”[③]又说：“仁是性，发出来是情，便是孝弟。孝弟仁之用，以至仁民爱物，只是这个仁。”[④]从朱子所论述的孝悌与仁的关系中，不难看出朱子对于孝悌之重视。朱子甚至采用了将孝悌与仁相等同的论述方式论述孝悌的重要性。朱子说：“孝弟便是仁。仁是理之在心，孝弟是心之见于事。”[⑤]这里，朱子在论述仁与孝悌间的关系时，将“心”的范畴导入其中，使得仁与孝悌相等同。朱子认为，仁是在心之理，而孝悌则是心在事上的表现。朱子借此提升了孝悌的重要性。朱子更将孝悌作为仁之根本，他说：“只孝弟是仁之本，义礼智之本皆在此：使其事亲从兄得宜者，行义之本也；事亲从兄有节文者，行礼之本也；知事亲

① （宋）黎靖德编：《朱子语类》，第 863 页。
② （宋）黎靖德编：《朱子语类》，第 398 页。
③ （宋）黎靖德编：《朱子语类》，第 475 页。
④ （宋）黎靖德编：《朱子语类》，第 473 页。
⑤ （宋）黎靖德编：《朱子语类》，第 474 页。

从兄之所以然者，智之本也。舍孝弟则无以本之矣。”[1]朱子还说：“亲亲、仁民、爱物，三者是为仁之事。亲亲是第一件事，故孝弟也者，其为仁之本与。”[2]另外，朱子还以体用关系来讲述仁与孝悌之间的关系。他说：“孝弟是仁之一事也。如仁之发用三段，孝弟是第一段也。仁是个全体，孝弟却是用。凡爱处皆属仁。爱之发，必先自亲亲始。‘亲亲而仁民，仁民而爱物’，是行仁之事也。”[3]如前文中所述，“仁”是儒学中最为重要的概念之一。朱子通过他关于“仁”和“孝弟”的论述，将孝悌提到了几乎与“仁”相同，甚或有过之而无不及的理论高度。

再次，关于行孝之道，朱子认为孝固然重要，但是作为子女却不可以盲目地去孝，亦不应在不知其正误的情况下，对于父亲之言行唯命是从、听之任之。朱子在假设了为父之令有所不妥之后，说：“至于子从父之令，本似孝，孔子却以为不孝。与其得罪于乡间，不若且谏父之过，使不陷于不义，这处方是孝。”[4]不仅如此，朱子更给出了对于这种情况的解决方案，即“微谏之”。朱子说：“上不违微谏之意，切恐唐突以触父母之怒；下不违欲谏之心，务欲置父母于无过之地。其心心念念只在于此。若见父母之不从，恐触其怒，遂止而不谏者，非也；欲必谏，遂至触其怒，亦非也。”[5]尽管朱子在此给出的“谏”而不“触其怒”的方法在践行时未必容易，但是就其对于处理孝与义的紧张关系时的作用而言，还是值得肯定的。

在略述了朱子对于孝悌的论述之后，再就罗山在孝悌方面的论述加以考察。

罗山在教诲后学时，如是说：“道与天通，宇宙无穷，鸢飞鱼跃，仁在

---

① （宋）黎靖德编：《朱子语类》，第 461 页。
② （宋）黎靖德编：《朱子语类》，第 461 页。
③ （宋）黎靖德编：《朱子语类》，第 473 页。
④ （宋）黎靖德编：《朱子语类》，第 263 页。
⑤ （宋）黎靖德编：《朱子语类》，第 705 页。

其中，君臣父子，惟孝惟忠，努力！”[①]可见在这里罗山也采取了先说道，再说仁，后说孝的论述方式。仅此一句便不难看出罗山对于朱子理论的尊崇。

另外，与朱子之论微谏相似，罗山也就孝与忠或义出现紧张关系时的状况作了相关论述，并给出了他认为的正解。罗山引《礼记》之言，说：“《礼》曰‘父母全而生之，子全而归之是孝也’，又曰‘战阵无勇，非孝也’。二者不可兼得，舍生而取义者也。”[②]可见，罗山认为当孝和义在具体实践中产生冲突的时候，应该像孟子所说的那样“舍生而取义”。同时，罗山认为虽然忠和孝在某些状况下会出现矛盾，但是就心和道的层面而言，两者是一个统一体，这便是古人“求忠臣于孝子之门”的原因。就这一问题，罗山在他的《问对》中曾有过精彩的论述：

> 对曰：求忠臣于孝子之门，忠孝岂二哉？故曰：身体发肤，不敢毁伤，孝之始也。又曰：启予手，启予足，是以其体形既全，况心乎？故曰杀身以成仁，曰舍生以取义。昔泰伯虽断发文身，然孔子称为至德。比干虽谏而死，亦称为三仁。呜呼！死生亦大矣！虽然，君死，社稷何苟免而偷生欤？所以全此心也。父母惟其疾之忧，是为孝也。夫身者父母之遗体也，而所以载道也。孝亦道也，忠亦道也。非他，只一心而已。若夫战阵无勇，则虽苟免而偷生，然此心之义既亡，与行尸视肉无以异也。奈何无羞恶哉?！若无羞恶则不义也、不孝也、不忠也！曰竭其力。曰致其身。曰为臣死忠、为子死孝。然二者不可得而兼也，舍轻而取重可也。不可必小学而大遗者乎？[③]

罗山在此先举出虽伤其发肤、虽死于非命但却为世人所称赞的两个例子，然后又将“心”和“道”的概念导入进来，说人的身体受之于父母，是用来载道之处，忠与孝皆是道，二者又被统合在“心”中。但是如果一味地

---

① [日]京都史迹会编纂：《林罗山文集》，第849页。
② [日]京都史迹会编纂：《林罗山文集》，第501页。
③ [日]京都史迹会编纂：《林罗山文集》，第351页。

为了保全身家性命，在战场上怯弱无勇、苟且偷生的话，便会伤及“义”；而作为忠孝之共同寓所的“心”中如若失去了“义”，那么其人便与行尸走肉无异了。所以，对于战场无勇的行为应该有羞恶之情，如若没有，便是不义、不孝、不忠。就是说，当以“孝”较之于“忠”“义”的时候，应以忠义为重。所以，在二者不可兼得的情况下，就应该舍轻而取重，舍孝而取义。罗山在此将孝与忠义相提并论，可见其对孝的重视。同时，在两者发生矛盾时，舍孝而取义的观点则反映出了罗山对于国之大家的责任感。诚然，对于这种忠义的追求发展至极端，则很可能转化为一种“愚忠”，被别有用心的统治者所利用，但是罗山在这里表现出的以天下为公的情怀是无可非议的。

在对朱子关于“孝”的学说积极加以继承的同时，罗山学而思之、不轻信、不盲从的治学态度和问题意识在此亦再次彰显。现再引前文中已引颜子之例证之。罗山说：

> 颜渊在陋巷，箪食瓢饮，人不堪其忧，颜渊不改其乐。与仲尼疏食饮水曲肱之乐，可谓合符。虽然，彼事其亲也，以如此之贫窭，而乏甘旨之奉、背嗜好之志不能无忧也。谓之忧乐一致乎？后世如范仲淹尚谓“先天下之忧而忧，后天下之乐而乐”，况于亚圣乎？圣人虽有忧世之意，然其所谓乐在其中欤？奈何？[①]

此处且不论孔子及颜渊之乐，单就孝上言，便可见罗山见解的独到之处。他认为虽说“事其亲”是孝道，但是在贫穷的环境中，以粗茶淡饭来侍奉父母的行为还是不无问题的。在这里，罗山隐于字里行间之意似乎可以理解为：真正的孝应该是胸怀大志并成就一番伟业之后，以更加优越的条件来侍奉父母。所以说，尽管在论述方式和所列举的具体事例上罗山与朱子有不同之处，但就其思想内涵而言，两者的孝道观都是客观而理性的。

另外，罗山对于所谓的“二十四孝”提出了异议。罗山说：“俗所谓二

---

① [日]京都史迹会编纂：《林罗山文集》，第389页。

十有四孝者，嘉语恠异，实非是有道者所述也。昔程夫子谓十哲者世俗之论也，余于二十四孝亦云。”[①]在此，罗山在肯定了“二十四孝”为“嘉语”之后，也加入了自己的评价——怪异，并进而斥之为非有道者之言。但是，罗山在大胆否定前人之美谈时，也并非毫无顾忌。紧接其后，罗山引程子贬斥“十哲”之说为世俗之论的例子，给自己对先人之说进行否定的做法寻得了先例。如于今日再读“二十四孝”之故事，便可知罗山认为“二十四孝”之说中有怪异之处的说法不无道理。罗山在日本的风土之中，在当时的时代背景之下对于“二十四孝”产生疑问本就是很自然的事情。然而，尽管说罗山对“二十四孝”的传说存有疑问，但这并不能表示他对孝悌之道本身有所怀疑，只应理解为是在实际的日用层面、实践层面上的问题。

在讨论了关于孝悌的问题后，下文中笔者将就“欲”的问题考察罗山对朱子学的继承。作为自然的存在，人是有欲望的，古往今来没有人不是如此，纵然是圣人亦不能例外。在朱子学中，欲在七情之中，同时是为复天理而应被革尽的对象，还是影响人格气象的重要因素。所以可以看出欲不仅是心性论中论述“性情”时的重要内容，同时还贯穿于工夫论和境界论的讨论之中，是甚为重要的一个论题。

正因为“欲”对于人的精神境界的影响，所以朱子对于人的欲望作出了坚决的否定，提倡应以“灭”和“革尽”的态度来对待“欲”。朱子说：“圣人千言万语只是教人明天理，灭人欲。”[②]还说：“学者须是革尽人欲，复尽天理，方始为学。”[③]在此，朱子甚至将“人欲”作为“天理”的对立面来看待，可见朱子对于“人欲”是坚决反对的。那么，什么是“人欲”呢？朱子举出实例，如是定义：“饮食者，天理也。要求美味，人欲也。”[④]但是，

---

① [日]京都史迹会编纂：《林罗山文集》，第800页。

② (宋)黎靖德编：《朱子语类》，第207页。

③ (宋)黎靖德编：《朱子语类》，第225页。

④ (宋)黎靖德编：《朱子语类》，第224页。

朱子并没有给出“饮食”与“美味”之间的详细的界定，由此也就给后学留下了进一步讨论的空间。就是说，要区分“天理”和“人欲”，就出现一个度的问题，不过此度者为天理，而过之则沦为须“革尽”的人欲了。

罗山就这一问题，在“饮食男女”中，以男女问题为例给出了他的解答。他在《色论》中首先举出了几个倾心于美女的例子，然后总结说：“男女之道有大欲存，而人情之常亦天叙也。而于荒于淫，是甚可戒矣。”[①]可见，罗山在对于欲的态度上立场鲜明，他既不主张过度的禁欲，也不主张奢淫。罗山的这一思想在其后的日本社会中，影响深远。禁欲主义也渐渐被一种崇尚自然圆融的风气所替代。或许这种道法自然的精神境界正是儒家思想的精华所在。然而，在“人情之常”和“淫”之间亦会涉及上文中所涉及的尺度的问题。此外，罗山对于欲还有这样的解释：

> 欲是祈盼之心。人们祈盼的事情有的能遂愿，有的不能遂愿，有这两种情况。我们希望对父母尽孝、对君主尽忠，这些无论怎样都是能如愿的事情。……这是应当祈愿的道理。如果祈盼得到自己命中没有的富贵和长寿，那就是不合道理的祈望。……或者说即使盼望也不会遂愿的。筹划那些不能实现的愿望，祈盼那些不可能的事情，是恶人、愚人之举，应当记住这是不该有的事，如果做了不合理之事犯下罪行，那么最终会使自己毁灭。这些都是不合乎祈盼之理的缘故。[②]

在这里，罗山对“欲”作了分类。一种是合乎天理的欲，这种欲是顺于人伦的，当然也就是具有积极意义的。对于这种欲，罗山认为是可以存，也必须要存的。而另外一种欲则是非分之欲，这种欲是命中没有的，是不应该奢求，更不应该为之付出不应有的行动的，否则后果将不堪设想。罗山在这里亦将理导入其中来说欲，这无疑是对朱子论述的继承。当

---

① [日]京都史迹会编纂：《林罗山文集》，第 269 页。

② 转引自龚颖：《林罗山对朱熹学说的接受与改造》。(原文见[日]石田一良等校注：《日本思想大系》第 28 卷《藤原惺窝 · 林罗山》，第 183 页)

然，罗山的这一论述，从某个层面上说，极易流于宿命论而被统治阶级所利用。但是，如果对罗山的这一理论把握得当的话，亦可以使人在知足常乐的心态下，成就其平和圆融的精神境界。

比较罗山和朱子的论述不难看出，在对待"欲"的问题上，罗山基本继承了朱子的观点。尽管就定义和论述的角度而言，两者有其差异之处，但在"度"的把握这个层面上说，两者是共通的。朱子定义"欲"时出现的"度"，亦在罗山对"欲"加以分类时出现。若说两者的不同之处，那就是相对于朱子将过度之愿望皆称为"欲"，并提倡将之"革尽"的说法，罗山处的"欲"的定义却相对宽泛。罗山首先将愿望皆以"欲"概指，进而再将欲分为合理的欲与不合理的欲，提倡要加以区别对待。究其实质，罗山和朱子在关于"欲"上的论述实无大异。但是若仅就字面义来看，就会给人以朱子彻底、罗山相对宽松的错觉。

## 第四节　存顺没宁的人生态度

众所周知，纵然人心胸坦荡、洒脱自得，具有非凡之境界，但是人终归是人，不可能有生而无死。又纵然人中有圣贤与不肖之分，但是人的命运有时还是会被许多不可抗拒的外在因素所左右。在先天与后天诸多不确定因素的作用下，人的生命呈现出了各不相同的姿态。所以通过考察思想家在其生死观上表现出的态度，便可以窥知其人生境界。下文中将分别考察朱子和罗山关于此问题的论述，并以之分析罗山对于朱子思想的继承。

朱子认为言"命"必要言"义"，只要有义在，便可随遇而安。朱子说："圣人更不问命，只看、义如何。贫富贵贱，惟义所在，谓安於所遇也。如颜子之安於陋巷，它那曾计较命如何。"[①]所以，只要有义在其中，无论贫

① （宋）黎靖德编：《朱子语类》，第874页。

富贵贱，人都应该自得其乐。但是，即便说人固有命，要随遇而安，还是必须要去尽人事。所以朱子所谓的"安於所遇"并不是教人做命运的屈服者，而是说应在尽人事之后，显现出一种顺受命之正的坦然心态，从而达到一种无怨和谐的人格境界。他说："人固有命，可是不可不'顺受其正'，如'知命者不立乎岩墙之下'是。若谓其有命，却去岩墙之下立，万一倒覆压处，却是专言命不得。人事尽处便是命。"①

既然在有生之年要尽人事以听天命，那么对于"死"，朱子又是如何看待的呢？

在《论语集注》中有朱子这样的一段注释：

> 季路问事鬼神。子曰："未能事人，焉能事鬼？"敢问死。曰："未知生，焉知死？"焉，于虔反。问事鬼神，盖求所以奉祭祀之意。而死者人之所必有，不可不知，皆切问也。然非诚敬足以事人，则必不能事神；非原始而知所以生，则必不能反终而知所以死。盖幽明始终，初无二理，但学之有序，不可躐等，故夫子告之如此。程子曰："昼夜者，死生之道也。知生之道，则知死之道；尽事人之道，则尽事鬼之道。死生人鬼，一而二，二而一者也。或言夫子不告子路，不知此乃所以深告之也。"②

从朱子的注释和他所援引的程子的论述中，不难看出朱子的生死观。归结之，或可有以下三条：(1)"死者人之所必有"，即承认人之生命的有限性这一客观事实。(2)生死"幽明始终，初无二理"。或者说"死生人鬼，一而二，二而一者也"，即无论生与死、人与鬼，都不外乎"理"这一宇宙本源而在。(3)"知生之道，则知死之道"，但是"学之有序，不可躐等"。朱子在肯定了生死的可知性之后，强调了关于此问题为学的顺序性。可见，即便是在生与死的问题上，朱子依然将"理"的概念导入其中，对二者

---

① (宋)黎靖德编：《朱子语类》，第 2485 页。

② (宋)朱熹：《朱子全书》第 6 册，第 159 页。

作了辩证的统一。同时,从“死者人之所必有”一句来看,朱子的生死观是切合实际、清醒客观的。

朱子说:

亚夫问“未知生,焉知死”。先生曰:“若曰气聚则生,气散则死,才说破,则人便都理会得。然须知道人生有多少道理,自禀五常之性以来,所以‘父子有亲,君臣有义’者,须要一一尽得这生底道理,则死底道理皆可知矣。张子所谓‘存吾顺事,没吾宁也’是也。”①

于此文中不难看出,朱子不仅以气之聚散来解释生死,更道出了欲明死之理就要“一一尽得这生底道理”的生死观,并最终以张子“存吾顺事,没吾宁也”之说概括之,将其人生态度表露无遗。

罗山立于其独有的视角之上,继承并发扬了朱子学的生死观。在罗山的《西铭讲解》一文中有这样的叙述:

天地是父母、父母是天地,故人之不违天理而善顺之,如孝子慈孙之善事父祖也。富贵福泽若尧舜禹之揖让,周公且之。富可谓厚吾生。故孔子曰:富而好礼,贫贱忧戚。譬诸他山之石可以攻玉,故曰玉汝,是以天欲授大任于此人,则必苦其虑、饿其身而动心忍性,然后玉成显。且《中庸》所谓素行之学,虽富贵、虽贫贱莫不自得焉。伯夷之薇蕨、颜子之箪瓢不亦玉乎?不屑彼玉食矣。又孔子曰:朝闻道夕死可也。故曰存顺没宁也。知生则知死,若不然,醉生梦死可悲焉。于是人之一生为不徒而已。②

在此段引文中,罗山先将天地与父母放在对等的位置上,将人道与天道互喻,明确了顺天理而知孝顺的道理。之后,罗山又分别举出了尧、舜、禹、周公,以及伯夷、颜子的例子,道出了在两种不同的状况下人所应该表现出来的精神风貌:富贵富足时应该知道礼让,而在贫困时就应该抱

---

① (宋)黎靖德编:《朱子语类》,第1012页。

② [日]京都史迹会编纂:《林罗山文集》,第337页。

有玉汝于成的意识，吃苦耐劳、发愤图强。同时，无论身处富贵之时还是贫贱之时，都应自得于其中，而不能自暴自弃。罗山认为薇蕨之于伯夷，箪食瓢饮之于颜子，都是对他们的磨砺和成就。孔子"朝闻道夕死可也"的境界亦应大加褒扬。罗山在这里表现出来的是一种大义凛然、理性自得的生死观和卧薪尝胆、矢志不渝的精神境界。无论生存的境况如何，人都应该有超然洒脱、存顺没宁的生死观，即张载所说的"存吾顺事；没吾宁也"[①]，而不能在混沌之中醉生梦死。

归结罗山的观点可以看出，罗山与朱子一样：从天理的角度看人事、看生死——这可以认为是罗山对于死与生的清醒认识；以自得对待贫富——这可以看成是罗山尽人事以听天命的淡定；"知生则知死"——由此可以看出罗山对于学之有序、生死一理思想的继承。罗山的人生态度中透显出的这种超然和非宿命论正是朱子学境界论中不可或缺的精神意识，是罗山淡定坦然的人格气象的彰显。

通过本章的论述，不难看出圣贤先儒们所展现出来的光彩熠熠却又各具特色的精神风貌和人格气象。在从颜子的箪食瓢饮之乐到孟子的浩然之气的论述中，不难看出为大地间之灵秀的人所应有的那种超凡脱俗的气魄。朱子说："人若有气魄，方做得事成。"[②]只有有了这种气魄，人方能成就其之所以为人的当为之事，才能够在宇宙大化中挺立起个我的自主性，承担起其应肩负的历史使命。这是一种境界，同时还是一种匹夫有责的责任感。罗山继承了朱子的思想，在他的随笔中分别借用薛萱、邵雍、左思以及阮阅的诗句表达了他心目中大丈夫所应有的精神风貌。罗山说：

> "珠藏泽自媚，玉韬山含辉"，大丈夫不可无此蕴藉；"月到梧桐上，风来杨柳边"，大丈夫不可无此襟怀；"振衣千仞岗，濯足万里

① 《西铭》，(宋)朱熹：《朱子全书》第13册，第145页。

② (宋)黎靖德编：《朱子语类》，第1243页。

> 流”，大丈夫不可无此气节；“海阔从鱼跃，天高任鸟飞”，大丈夫不可无此度量。[①]

通过这四句诗不难看出罗山所追求的涵养、胸襟、气节和度量的坦荡磅礴和大气如虹。而这种涵养、胸襟、气节和度量恰恰是成就一种豪迈境界的具体表现，是儒门中人所应奋力追求的人格风貌。

综上所述，罗山在关于圣贤气象，乐的境界和以纲常观念、欲望的追求为主的道德伦理等层面的论述上，均在他所独有的视角下，以对朱子学的全面继承为中心，适当作出了微调。在罗山深沉的忧患意识和敏锐的问题意识下，朱子学在日本的本土化过程中亦有所发展。同时，罗山以他儒者所特有的大家风范，展示出了恢宏却又深沉的思想境界。

---

① [日]京都史迹会编纂：《林罗山文集》，第782页。

# 第六章　神儒合一论下理学新境域的开启

前面几章讨论了罗山思想与朱子思想的异同之处，分析了罗山对朱子学思想的继承和发展。本章将关注朱子学进入日本的文化语境后，在佛教、耶教和日本神道的影响下所发生的变化。

当一种崭新的哲学文化思想进入另一种与之不尽相同的文化传统之中时，势必要与其发生摩擦、碰撞和融汇，这是在所难免的。同时，这也是新思想跻身并立足于其中，继而获得生机与活力的必由之路。理学的产生是在中国文化的语境下三教会通境遇下的必然结果，并最终形成了以儒学为根基，融汇释、道二教相关思辨元素的思想体系。但是，由于在宇宙论及心性论等基本理论上的迥异，理学思想体系在形成之初便显现出对释、道二教的批判和排斥。与在中国的情形相似，当朱子学思想进入日本后，也面临着当时在日本居于重要地位的佛教和耶教的排斥和冲击。在这一境遇下，罗山理所当然地表现出了对朱子理学思想的护持和对释、耶二教的批判。但是与此同时，在处理朱子学与日本固有的本土信仰日本神道的关系时，罗山则出于对本国传统的维护，提出了独具罗山特色的神儒合一论。

下文中将通过分析罗山对于不同宗教的态度，探明其对朱子学思想的继承和发展。

## 第一节　排佛老、排耶稣

在儒学思想所面对的诸多冲击中，来自于佛教和耶教的冲击和影响无疑是最大的。所以，对于此二教的批判便成为罗山朱子学思想的一大特色。

### 一、排佛老

佛教对于儒学的冲击绝不仅限于罗山生活的年代。在朱子学产生之初，这种影响就伴随而来。然而，佛教对于朱子学而言不只是冲击，更是一种促进。从某种程度上说，朱子学之所以能够构建起如此严谨的理论系统，与佛教思想的冲击和影响不无关系。下文中将首先对朱子对于佛教的批判以及其受到的影响加以分析。

朱子虽不像罗山那样早年入于佛门，但是因为受到其父朱松等人的影响，自幼就对佛学耳濡目染。因此，在说朱子排佛之前，首先要谈及朱子对佛学思想的接纳。同时，在朱子以理为基础构建起的思想体系当中，也有着许多与佛教相关联之处。其中最为著名的当属朱子在说明“理一分殊”这一理论时使用的“月印万川”的比喻了。人所共知，这是朱子在借鉴了华严宗中“一月普现一切水，一切水月一月摄”①的论述后作出的比喻。

此外，朱子在讲述敬的工夫时所使用的“提撕”“常惺惺”等词语皆源于佛家。如朱子说：“如人睡着觉来，睡是他自睡，觉是他自觉，只是要常惺惺。”②又说：“其意只是提起一事，使人读着常惺惺地。”③“只是提撕此

① 《大正藏》卷四八。

② （宋）黎靖德编：《朱子语类》，第1415～1416页。

③ （宋）黎靖德编：《朱子语类》，第256页。

心，教他光明，则于事无不见，久之自然刚健有力。"[①]可见，朱子在对佛教提出批判的同时，也将佛教中的一些概念借鉴而来，为朱子学的论述打开了方便之门。

在分析朱子学中最重要的"理"的概念时，亦可发现其与佛教中所说的"法界"有几分神似。在华严宗中，有"一真法界"和"四法界"之说。所谓的"一真法界"是指世间内外一切事物化生的本源，因此此法界是世间万物的本质之所在。而所谓的"四法界"就是指"事法界""理法界""理事无碍法界"和"事事无碍法界"，此四法界分别是指有差别的现象界、相同的本体界、现象界与本体界的一体关系和现象界的事与事之间通过彼此相互作用而产生的一而多、多而一的辩证关系。如果将"一真法界"看作体的话，那么"四法界"就可被认为是其用。再将华严宗关于法界的叙述与朱子思想体系中关于理气关系的论述进行比较，便不难发现其间的神似之处。朱子对佛教进行批判时曾说："吾儒万理皆实，释氏万理皆空。"[②]此语是朱子对佛教的批判无疑，但若从另外一个视角着眼时，似乎也可以理解为这同时是朱子对于佛教思想体系中"理"之存在的肯定。

如上所述，可以看到在朱子的思想中有很多地方都受到了佛教的影响。但是即便如此，就朱子学的本质而言，其与佛教是截然不同的。也正是因为这种本质之不同，朱子的排佛立场坚定且鲜明。再看那句"吾儒万理皆实，释氏万理皆空"[③]的论述。究其本质，朱子在这里的本意无疑还是对佛教的批判，而且这一批判的矛头直指佛教之本源，是强而有力的。就儒理的实和佛理的虚，朱子还说："吾儒心虽虚而理则实，若释氏则一向归空寂去了。"[④]也就是说，在朱子学中，虽然说"心"是虚空的，但是形而上的"理"的存在却是实实在在的；与之相比，佛教中把这一切

① (宋)黎靖德编:《朱子语类》，第 209 页。
② (宋)黎靖德编:《朱子语类》，第 2976 页。
③ (宋)黎靖德编:《朱子语类》，第 2976 页。
④ (宋)黎靖德编:《朱子语类》，第 3015 页。

都归为了空寂。朱子又说:“释氏则以天地为幻妄,以四大为假合,则是全无也。”[①]无疑,这种四大皆空的论述和根本理念与朱子学的理气论思想是格格不入的。

朱子不仅在本体论、宇宙论的层面上对佛教加以批判,更在人伦层面上对佛教提出了尖锐的批评。朱子说:“庄老于义理绝灭犹未尽。佛则人伦已坏。至禅则又从头将许多义理扫灭无余。以此言之,禅最为害之深者。”[②]就是说,虽然庄老之学有异于儒学,在义理层面上有诸多的不足,但是佛教,尤其是禅宗之教将人伦义理“扫灭无余”,为害最深。这种人伦层面上的虚空,无疑将直接动摇朱子学中所倡导的纲常伦理观念,这一点是朱子所不能容忍的。朱子痛斥佛教说:“佛老之学,不待深辨而明。只是废‘三纲五常’,这一事已是极大罪名!其他更不消说。”[③]由此可见朱子对佛教伦理思想的批判。

朱子学传入日本并最终成为官学的过程是曲折而漫长的。究其原因,来自于佛教的负面影响和压力不可忽视。以藤原惺窝和林罗山为首的日本朱子学家们通过各种方式对佛教思想展开了全面的反击,并在艰辛的努力后获得了最终胜利。就这一点,日本学者石田一良分析说:

> 在考察林罗山思想的时候,必须要明了他的思想史是从对于佛教的批判开始的。若回顾日本的思想史便不难发现奈良至德川这段时期,佛教是那个时代的主流思想。从德川时代开始,儒教成为了指导时代的意识形态。今若并其二者而察之,便不难理解罗山排佛思想在历史上的重大意义了。[④]

当然,罗山本人身在其中,对于来自佛教的这种压力的感知自然更加真切。就当时的境况,罗山致书惺窝说:

---

① (宋)黎靖德编:《朱子语类》,第 3012 页。
② (宋)黎靖德编:《朱子语类》,第 3014 页。
③ (宋)黎靖德编:《朱子语类》,第 3014 页。
④ [日]石田一良等校注:《日本思想大系》第 28 卷《藤原惺窝·林罗山》,第 471 页。(龚颖译)

日本自钦明佛法初行，譬如爝火不消，炽燎原之炎，不可乡迩也。岂可扑灭乎？悲夫恶之易也，善之难也！善不可失，恶不可长。呜呼！何恶之易长也？先生生于叔世，志儒学，是善之不失者乎。儒之胜佛也，犹水胜火。今之为儒者，犹以一杯之水救一车薪之火也。不熄，则谓之水不胜火，此又与佛之甚者也。是以至于佛火之燎原，世俗之惑也。不异池中鱼是亦为火灾故也。[①]

罗山在此将佛教谓为“恶”，并将其流行比喻为已成燎原之势、不可近更不可灭的大火，对其传播速度之快倍感其忧。同时，罗山又将儒学比喻为水，以之与佛教之火相抗衡。罗山认为，儒教本可以战胜佛教，就像水本可以克火一样。但是，由于当今之世儒者太少，其情势也就无异于杯水车薪了。同时，火未被扑灭这一事实又让更多人错以为水难胜火，即儒不如佛，以至于助长了佛教的传播和扩散，使佛教形成当时的燎原之势。由这一引文中不难看出罗山压力之大，批佛兴儒之艰辛。

与此同时，罗山还对当时人们那种不近儒者而靠佛门的行为感到无奈。罗山说：

今夫深衣者，儒者之法服乎。为儒服，儒服何所怪也哉？观夫佛者，秃其头也，缁其服也，是异类也。何不疑彼而疑此乎？不疑与疑何也？多也！多，故佛常厌儒，是余所以水火之譬作也。其异类之不疑而随之，是余所以日雪之论出也。[②]

罗山在对世人“随”佛而“厌儒”的现状深感无奈的同时，也对水终能胜火的事实坚信不疑。所以，罗山将慨叹化为实际行动，对那些欲入佛门之人进行了具体且有针对性的劝阻。他曾多次直接致信松永颂游，规劝其勿入佛门。罗山说：

今足下学佛而不知儒，唯非不辨虚实而已，亦不得闻道学之为

---

① ［日］京都史迹会编纂：《林罗山文集》，第 12 页。

② ［日］京都史迹会编纂：《林罗山文集》，第 13 页。

误过耳。足下幸聚儿童，教以吕波，然则无惮改过，习授不以佛号，不以法华……如何如何，毋忽余言为幸。[①]

这里，罗山的理由是明确的，那就是佛教是虚，而儒学是实，如若入于佛门，就是不辨虚实。罗山更就自己弃佛从儒的经历谈起，斥佛教为异端，对其作出了尖锐的指责。罗山说：

> 先生（惺窝——笔者注）认为，我久从事于释氏，然有疑于心。读圣贤书，信而不疑。道果在兹，岂人伦外哉。释氏既绝仁种又灭义理，是所以为异端也。[②]

罗山在这里说佛教"既绝仁种又灭义理"，从人伦层面上对佛教展开了批判。由上述引文已不难看出，罗山所指出的佛教的弊端与朱子所指出的相同，都主要集中在太过空虚和灭绝人伦这两点上。下文中将具体引用罗山的论述加以详述。

罗山首先针对困扰世人已久的儒与佛的虚实问题进行了分析，并给出了他的答案。罗山说：

> 夫儒也实，佛也虚。寔虚实之惑滔滔者天下皆是。今若于虚与实，则谁人取虚而弃实哉？然取佛之无实，则非不闻道之过而已，不知虚实之过而已乎。[③]

罗山不但揭示了儒与佛的根本区别在于虚实问题，而且分析说人们之所以信奉佛教，是因为没有辨清虚实。在道明原因后，罗山继续说："过则无惮改之，善言有之，善哉。"[④]无疑，这为人们改过自新提供了可能。此后的文章中，罗山又引张载弃佛入儒的例子，说明了佛道释书之虚空和六经之着实。在书信的结尾部分，罗山总结说："彼所谓道者非道也，吾

① ［日］京都史迹会编纂：《林罗山文集》，第 32 页。
② ［日］京都史迹会编纂：《林罗山文集》，第 464 页。
③ ［日］京都史迹会编纂：《林罗山文集》，第 32 页。
④ ［日］京都史迹会编纂：《林罗山文集》，第 32 页。

所谓道者道也，道与非道无他，实与虚也，公与私也。"[①]这里罗山所说的"彼"指的是佛，而"吾"指的是儒。

另外，罗山在对陆九渊思想进行批判时，又从禅宗"不立文字"的主张上切入，论述了佛教的虚空本质。罗山说："是则禅家所谓不立文字之意乎？呜呼！何躐等也。不经阶梯而升高，不蹈蹶者几希？不乘舟筏而到岸，不沉溺者几希？"[②]罗山认为，如若"不立文字"，就不可以传教于后人，就失去了思想传承的必要手段，会使后人难以在前人成果的基础上继续前进。罗山认为那些想不通过努力便获得成功的所谓"顿悟"之法是很危险的，是要跌倒和溺水的。这不仅是罗山对于禅宗虚空本质的揭露，同时也可以视为是罗山立于儒家工夫论和学道观的视野之上对佛教进行的指摘。此后，罗山更从逻辑上道破了禅宗"不立文字"的自相矛盾。他说："若信禅则不立文字，四字何也？祖师语录何也？"[③]就是说，虽然禅宗主张"不立文字"，但却有文字存在，比如说"不立文字"这四个字本身就是文字，何况禅宗还有祖师语录的存在呢？罗山可谓一语道破了禅宗主张的不合理性。

既然说佛教本就是个虚空的宗教，那么佛教中人自然也就是游手好闲的无用之辈了。所以在与惺窝的问答中，罗山作出了这样的回答："余以为：游手者十，而为浮屠者五六。"[④]以示浮屠者的无为和数量之多。为了增加论述的客观性，罗山还通过数据的计算来说明佛教在当时日本的泛滥之势。罗山说："惟夫算浮屠所收，每一州一万斛，则六十余万；或二万斛，则百二十余万。其外，施嚓之费，未知几多也。我朝神国，已为佛国。吁！神似不神乎。"[⑤]通过这一番计算，罗山又揭露了佛教利用人

① ［日］京都史迹会编纂：《林罗山文集》，第 33 页。
② ［日］京都史迹会编纂：《林罗山文集》，第 13 页。
③ ［日］京都史迹会编纂：《林罗山文集》，第 13 页。
④ ［日］京都史迹会编纂：《林罗山文集》，第 349 页。
⑤ ［日］京都史迹会编纂：《林罗山文集》，第 93 页。

们对死亡的恐惧之心，通过对极乐世界的宣扬，诱使人们不惜将重金献诸佛门，从而于中受益的真相。佛教借宗教之名暴敛钱财的内幕暴露无遗。由此可见，罗山不仅在教义的层面上揭露了佛教的虚空本质，更立于经济的角度揭示了其存在的危害性。

与朱子相同，罗山也尖锐地指出了佛教教义对于人伦纲常的危害。罗山的文集中记有这样一段骇人听闻的文字：

> 大灯国师初为丐人时，居五条桥下有年矣。……欲入元求法，遂赴霸家台，适遇僧绍明归自元，于是参禅司法。超有妻子，为断恩爱之欲，故使妻买酒，因闭户杀其二岁儿，串炙之。及妻还，见之怪焉，乃啖炙儿以饮。妻熟视大叫唤而出。超亦便出，是乃紫野大灯国师也。[①]

好一个残忍恶毒的国师啊！罗山叹曰：

> 吁，佛氏之蔽心，至于兹酷乎！虎狼仁也，不食其子故也。彼灭人伦而绝义理，啜羹不及放麑，况于此哉？……大罪于天地之间，诚可惩焉。[②]

通过这个例子，罗山指出了佛教思想障蔽人心、毁灭人伦、灭绝义理而产生的危害性。罗山疾呼："外道也者，佛道也。佛者充塞乎仁义之路。悲哉！天下之久无夫道也。"[③]另外，在罗山的文集中还收录有"最信佛法"的马子弑君的故事[④]，"甚好佛"的光明皇后"亲去千人垢"的故事[⑤]，等等。罗山通过这些故事的讲述来告诫人们佛法中存在灭绝人性和人伦的一面，劝诫人们要去佛向儒。

除了列举具体的事例，罗山更在多处直指佛教中以"人伦为虚妄，遂

---

① [日]京都史迹会编纂：《林罗山文集》，第 671 页。

② [日]京都史迹会编纂：《林罗山文集》，第 671 页。

③ [日]京都史迹会编纂：《林罗山文集》，第 804 页。

④ 参见[日]京都史迹会编纂：《林罗山文集》，第 293 页。

⑤ 参见[日]京都史迹会编纂：《林罗山文集》，第 294 页。

绝灭义理”的一面。罗山说：

> 浮屠氏毕竟以山河大地为假、人伦为虚妄，遂绝灭义理，有罪于我道。故曰：事君必忠，事亲必孝。彼去君臣弃父子以求道，我未闻君父之外别有所谓道也。吾道非彼之所谓道也。[①]

罗山在此明确了佛教在其虚空自然和人伦的本质下“灭绝义理”的非道之举，更道出了其背弃忠孝而求道的不可取行径，直接指出了儒道与佛道的根本区别之所在。在丢弃人伦之后，佛教的出家人们自谓出世脱俗。就这一点，罗山也表现出了厌恶之情。罗山因其恩师惺窝之语起论，说：“先生曰：自佛者言之，有真谛，有俗谛；有世间，有出世。若以我观之，则人伦皆真也。未闻呼君子为俗也，我恐僧徒乃是俗也，圣人何废人间世哉？”[②]罗山认为，只有以人伦为真谛的人，才是真正超凡脱俗的人，而僧人都是俗人。

另外，罗山还站在宇宙、本体论之根源——“理”的高度，再次指出了佛教思想中摒弃事物、虚空一切的做法的谬误。罗山说：“我儒如明镜，物来即应；释氏如暗镜，却弃绝物。镜中本来固有之明而欲暗之，是害理也。”[③]对于罗山的这一论断，惺窝也给予了肯定，批曰：“先儒之成说。”[④]

同时，为了让人们提高对佛教思想的警惕，罗山警告说：“我朝神国也，神道乃王道也。一自佛法兴行后，王道神道都摆却去。”[⑤]这里指出了自佛道盛行以来国道不行的状况。为了扭转现状，罗山所做的不仅仅是大声疾呼，更在调查研究和文献考证上下工夫，试图为排佛找到更有说服力的理论依据。在他所作的《神社考》的序中，他如此写道：

> 今我于《神社考》寻遗篇、访耆老，伺缘起，而证之旧事纪、古事

---

① [日]京都史迹会编纂：《林罗山文集》，第 672 页。
② [日]京都史迹会编纂：《林罗山文集》，第 464 页。
③ [日]京都史迹会编纂：《林罗山文集》，第 347 页。
④ [日]京都史迹会编纂：《林罗山文集》，第 347 页。
⑤ [日]京都史迹会编纂：《林罗山文集》，第 804 页。

记、日本纪、续日本纪、延喜式、风土记钞、古语拾遗文粹、神皇正统记、公事根源等之诸书以表出之，其间又有关于浮屠者，则一字低书而附之，以令见者不惑也……庶几世人之崇我神而排彼佛也。[①]

在此可见罗山自挺立神道的角度为排除佛教影响而付出的努力。

通过上面的论述不难看出，罗山较之于朱子，在排佛论立场上表现得更为坚定和果决。他甚至曾大声疾呼："愿聚天下所有佛书，焚而弃之。"[②]笔者认为，这是罗山所生活的时代背景下的必然。又或许正是因为有了这种坚定的排佛立场，罗山才为朱子学登上并稳坐日本官学之宝座提供了可能。

然而，在论及罗山的排佛观点时，还有一事不得不提。那就是在宽永六年(1629)[③]，时值罗山47岁之时，罗山被当时的将军德川家光授予法印之位，遂成为作为僧官的民部卿法印，并在其后剃发着僧衣。在家光看来，封赐罗山为法印似乎是一种"恩典"[④]；但就罗山而言，实是一种无奈。在罗山的诗集中，罗山曾如是说：

今余兄弟元是儒也，然祝发者久。随国俗与太伯之断发……先王有法服、有法言，四书六经有读法，其皆见于笔墨垂于不朽。故墨以传万古文章之印，是吾所取之法印也。谓之心印亦可矣。是此授位非吾兄弟所曾期望也。而今自上裁之，则恩昧不亦厚乎？所谓自天命之者乎。[⑤]

这里所说的"余兄弟"是指罗山本人和其弟永喜。据记载，罗山被授予民部卿法印的同时，永喜亦被授予刑部卿法印一职。[⑥] 对于身为儒者的罗山兄弟来说，断发更衣实为无奈之举。然而在当时的境遇下，罗山却不

---

① [日]京都史迹会编纂：《林罗山文集》，第563页。

② [日]京都史迹会编纂：《林罗山文集》，第808页。

③ [日]铃木健一：《林罗山年谱稿》，第112页。

④ [日]宇野茂彦：《林罗山·(附)林鹅峰》，(东京)明德出版社1992年版，第102～103页。

⑤ [日]京都史迹会编纂：《林罗山诗集》，第418页。

⑥ 参见[日]宇野茂彦：《林罗山·(附)林鹅峰》，第102～103页。

得不勉为其难。罗山直言“此授位非吾兄弟所曾期望”，但又深感无可奈何，只能感之为“恩”，认之为“命”，并不无解嘲地训诫了“法”“印”二字，又谓之为“心印”。对于罗山这种一边大声疾呼、极力排佛，一边却又剃发更衣，身受僧官之职的作为，研究者们众说纷纭，褒贬不一。笔者认为，对于罗山的这一行为，最好的解释莫过于“无奈”二字。罗山身处幕府高官的地位，弃将军之封赐而不受是难以想象的。但是，罗山久以儒者自居，以排佛为已任，虽法印之职显赫在上，欣然受之亦有所不妥。由此不难想见罗山当时身处的两难境地。但是，这次罗山没有像少年时那样因厌恶剃发而遁出佛门，最终接受了此职。这应是罗山在权衡利弊后的不得已之举，同时亦应视为一种应时而动、随机而行的生活智慧的展现。尽管罗山身为僧官，但是这似乎并没有影响他在思想上对于佛教的排斥和对朱子学理论的护持。就这一点，上文曾经引述过的《神社考·序》便是最好的证据。据《年谱稿》的考证，《神社考详节》的首次刊行时间是正保二年(1645)①，也就是罗山 63 岁之时，显然这已是罗山身受法印之职后的事情了。

罗山不仅排佛，亦排老。在罗山的文集中收录有《释老》一文，罗山在其中表明了他对于佛教和道教的态度。罗山说：

> 翟云曰：天上天下唯我独尊。伯阳曰：天上天下唯道独尊。我者，云何无我乎？大我乎？常在此娑婆世界，故先于三千尘点劫，而不为久远；于五十六亿千万岁而不为旷邈，收于一念方寸里，而不为小；贯于十方世界，而不为大。须弥为小，微尘为大是浮屠说也。道者，云何常道乎？大道乎？道生一，故生天生地、神帝神鬼、无形无为、有情有实，混兮、浑兮、寂兮、寥兮，强名之曰道。故曰：道可道，非常道也。是老者言也。②

① ［日］铃木健一：《林罗山年谱稿》，第 170 页。

② ［日］京都史迹会编纂：《林罗山文集》，第 670 页。

在此，罗山首先引两家之言，阐明了他对于佛老二教之教义的认识。基于此认识，罗山进而展开了对二者的批判。罗山继续说：

是以推之，二氏所云道者，果虚无而无寂灭而灭，非吾所云道也。古贤以《易》、《中庸》和而言之，喜怒哀乐未发之中者，寂然不动也；发而中节者，感而遂通，天下之故也。夫道者，教人伦而已，伦理之外何别有道？彼云：出世间；云游方外。然则舍人伦而求虚无寂灭，实是无此理。故尧舜设司徒之官，曰人伦之教者，父子有亲、君臣有义、夫妇有别、兄弟有序、朋友有信，谓之五典，又谓之五达道。古今不易之道也。故曰圣人无他，只人伦之至也。不可不思焉。[①]

在此，罗山将佛老二教之所谓道与儒学之道进行了对比，更将其中"人伦"之有无作为其间的根本区别之所在，指出佛老的所谓"出世"和"云游方外"之举是"舍人伦"之举，并断言说"无此理"。可见，罗山在这里直指佛老二教之最根本教义，针对其本源展开尖锐批判。

## 二、排耶稣

罗山不仅排斥佛教，同时也对耶教表现出了强烈的排斥。在罗山的文集中收录有《排耶稣三篇》，其中记录了罗山与耶教徒的一次会面。说在 1606 年 6 月 15 日，罗山与其弟信澄以及友人松永颂游一起会见了耶稣教士不干。一番寒暄之后，在不干的众弟子面前，罗山一行与不干进行了一次颇具意义的对谈。

罗山首先就他先前读过的利玛窦所著的《天主实义》[②]一书评论说：

或论释氏，或言儒道及神道无一可观者，皆缀和语之卑俚而漫，叫骚骂詈。闻之如蚊虻之过，前岂介于怀乎？虽然侮圣人之罪是可忍也，孰不可忍也。若又以是惑下愚、庸庸者，则罪又愈大也。不如

① ［日］京都史迹会编纂：《林罗山文集》，第 670～671 页。

② 1603 年刊行。

火其书，其书若存，则遗后世千岁之笑。[1]

利玛窦所著的《天主实义》是一本耶稣教的书籍，其中有多处对佛教、儒学及神道进行了尖锐的指责。利玛窦对佛教、儒学及神道的否定和谩骂，以及对圣人的辱蔑引起了罗山的极大反感，但罗山却以不屑回应之。不过，就其所著之书，罗山认为为了不使其妖言惑众、贻笑千年，应该尽焚之。此后，罗山与不干又就"天地"与"天主"的问题展开了论述：

> 春问曰："利玛窦天地鬼神及人，灵魂有始无终。吾不信焉。有始则有终、无始无终可也。有始无终不可也。然又殊有可证者乎？"干不能答。春曰："造天地万物云云，造天主者谁耶？"干曰："天主无始无终。"天地曰造作，天主曰无始无终，如此遁辞，不辨可明也！[2]

在这里，罗山对耶教徒将天主看成是无始无终的存在，而将天地看成是造作之物的说法提出了质疑。笔者认为，隐藏于这一质疑背后的应该就是罗山的理本论思想。在身为朱子学家的罗山的心中，"理"才是形而上的存在，但是耶教徒却用"天主"取代了"理"所应该处的地位，这无疑会招致罗山的否定。罗山直接将"理"与"天主"这一对矛盾明确化，继续与不干进行辩论：

> 春曰："理与天主有前后乎？"
>
> 不干曰："天主者，体也；理者，用也。体者前，理者后也。"
>
> 春指面前之器曰："器者，体也；所以作器者，理也。然则理者前，而天主者后也。"
>
> 不干不解，曰："灯者，体也；光者，理也。"
>
> 春曰："所以火为灯者，理也；光者非理也，唯云之光而已。"
>
> 干犹不解，曰："作器之一念起处为理；一念不起以前，元无想无念而有体。然则体前理后也。"

---

① ［日］京都史迹会编纂：《林罗山文集》，第673页。

② ［日］京都史迹会编纂：《林罗山文集》，第673页。

春曰："不可也。不谓无想无念，唯言理与天主而已。无想无念之时有理而存。"①

在被问及理和天主孰先孰后时，不干说因为天主是体、理是用，所以当以作为体的天主为先。这无疑是对朱子学理本论的否定。罗山为了说明理是物之所以为物的终极依据这一道理，遂引申不干举出的灯的例子说，灯是体，而使火成为灯的依据才是理。此时，不干还是没能明白，他将之所以要"作器"的想法与理的概念相混淆。对于这种转移话题的说法，罗山立即予以否定，将话题再次拉回到理与天主的论述上，并给出了他的结论：理是先于万事万物而存在的绝对优先性。即使是在无念无想之时，理也已然存在。无疑，这是罗山坚定地立于朱子学理本论的立场上，与耶教徒展开的一场精彩的论战。罗山对于耶教中的最高存在——天主的否定，无疑就是对于耶教之根基的否定，是极具说服力的。同时，这一否定亦非单纯的否定，而是在积极推行理学观念视野下的否定。在否定了天主的绝对性的同时，罗山也明示了"理"的范畴，以之来填补被否定掉的天主留下的空白。

罗山与不干的论战确实很精彩，但是就罗山论理的严密性和逻辑性来说，也不无遗憾之处。比如说，对于"无想无念之时有理而存"的论据，罗山就没有明示。不得不承认，这是由这一问题的复杂性和罗山朱子学思想的局限性所致。在《排耶稣》中，就记载了罗山对于地圆说的无知等内容。在罗山所处的年代，自然科学知识尚未广泛普及，这就直接导致了罗山论述上的局限性。

## 第二节 神儒合一论

从上节内容中不难看出罗山对于佛教和耶教所持的排斥态度。但

① ［日］京都史迹会编纂：《林罗山文集》，第673页。

是，这并不能说明他对所有宗教都持否定态度，更不能说他是个无神论者。罗山在积极继承和发扬朱子学思想的同时，也没有放弃他的神道信仰。收录于《林罗山文集》的第一篇作品《倭赋》开篇即言：

> 惟吾邦之灵秀兮，神圣之所挺生。环以太洋海兮，耀旸谷之明明。名兹曰日本兮，固自然之嘉名。或谓君子居之兮，宜风俗之淳直。泰伯让而来兮，少康之子止而不复。或谓不死之国兮，亦气运之纯清。神陟而在上兮，彦瀲八亿余年而崩。嗣王神武之雄伟兮，皇舆遂其东征。①

仅从短短几句中便出现三个“神”字上，便可见罗山对于神道的重视。

## 一、罗山的神道史观

从上面的引文中不难看出罗山对日本是“神国”的定义。首先，罗山认为日本“之灵秀”是“神圣之所挺生”，更有“神陟”在上的说法，而且传说中的第一代天皇“神武”的名中也带有一个“神”字。此外，罗山还曾多次在他的其他文章中将日本称为“神国”。例如，罗山曾说：

> 夫本朝者，神国也。神武帝继天建极已来，相续相承，皇绪不绝，王道惟弘，是我天神之所授道也。②

> 夫本朝者，神灵之所挺生而栖舍也。故推称神国。其宝号神器，守其大宝则曰神皇，其征伐则曰神兵，其所由行则曰神道。昔神武帝之都于倭也，始祀天神，建灵畤于鸟见山，崇神帝祭天。③

由以上引文不难看出罗山对于日本为“神国”的坚定信仰。那么为什么罗山排佛、排耶稣，却独尊神道呢？若着眼于各宗教的起源，这一问题或许便不难解决了。相较于作为舶来之教的佛教和耶教，神道则可以说是日本的传统宗教了。对于传统的尊重使得罗山在受到儒学思想滋养的

---

① [日]京都史迹会编纂：《林罗山文集》，第 1 页。

② [日]京都史迹会编纂：《林罗山文集》，第 562～563 页。

③ [日]京都史迹会编纂：《林罗山文集》，第 558 页。

同时，亦不忘将神道传统与日本史相联系，并进而形成了具有罗山特色的神道史观。既然说是史观，那么就必然需要找到可以依据的历史文献。罗山通过文献研究，在他的《越后国伊夜比古神庙记》中如是说："神也者，既记于国史、载于延喜式，则其所由来久远，而有福于社稷，必不可诬之，则不可不敬、不可不崇。"[①]也就是说，罗山认为在历史文献中可以找到"神"的相关记载，所以神道是日本的正统。同时，因为神在历史中由来已久，有福于社稷，所以必须崇之敬之。罗山还用如下的文字来赞美日本历史之悠久，罗山说："神武以来，皇统一种，百世绵绵，虽中华及异域，未有如此之悠久矣，美哉！"[②]罗山的这句话，不仅仅将传说中的神武天皇作为日本皇统的开端，从一开始就赋予日本史以神道色彩，更用具有强烈民族自豪感的语气对日本历史之悠久大加赞美。考证此文的成稿时间可以知道，这是罗山在宽永二十一年时的作品，其时他已 62 岁，耳顺之年的感叹似乎更能透显出他对日本神道及其历史的由衷的自豪。

## 二、神儒关系

综上所述，可以看出在罗山的思想当中，既有朱子学思想的元素，也有神道论思想的元素。那么，这两种思想在罗山的视野中又是何关系呢？是否会有碰撞和矛盾？罗山又是如何予以调和的呢？下文中将展开详细考察。在此之前，为探究罗山对朱子思想的继承和发展，有必要首先就朱子关于鬼神的观点稍作论述。

朱子说："神，伸也；鬼，屈也。如风雨雷电初发时，神也；及至风止雨过，雷住电息，则鬼也。"[③]朱子在这里将鬼神与风雨雷电等自然现象相联系，首先肯定了神的存在性。在同一卷中，朱子又如是说："鬼神不过阴阳消长而已。亭毒化育，风雨晦冥，皆是。在人则精是魂，魂者鬼之盛

① [日]京都史迹会编纂：《林罗山文集》，第 172 页。

② [日]京都史迹会编纂：《林罗山文集》，第 650 页。

③ (宋)黎靖德编：《朱子语类》，第 34 页。

也；气是魂，魂者神之盛也。精气聚而为物，何物而无鬼神。”[①]这里，朱子通过将鬼神与阴阳相关联的论述，将神的存在予以泛化。另外，从这两段话的叙述中还可以看出，朱子与罗山一样，也是有神论者。

世间既然有鬼神的存在，但又出于其存在的特殊性，不能直观地去感知，那么人们应该如何对待鬼神呢？朱子说："虽神明若有若亡，圣人但尽其诚敬，俨然如神明之来格，得以与之接也。"[②]也就是说，即便不能直观地感知神明的存在，还是应该向圣人那样"尽其诚敬"。无疑，这里朱子通过讲述对待鬼神的态度，再一次强调了他诚敬的工夫论观点。只是此处朱子要求以诚敬之心对待的是鬼神这个特殊的存在而已。既然鬼神具有独特的存在方式，那么人们又应该如何去感知呢？就此，朱子又反过来通过人们对待鬼神的态度讲了感知鬼神的可能性。朱子说："然则神之有无，皆在于此心之诚与不诚，不必求之恍惚之间也。"[③]这里朱子讲的应该就是所谓的"心诚则灵"。可见此处朱子认为鬼神和诚敬之间的关系是具有互证性的，就是说因为鬼神存在，所以需用诚敬；而同时也只有怀具了诚敬之心，方能感知鬼神之存在。若自另外一个角度着眼看来，朱子讲鬼神之事似乎又是为了晓谕人事、教人以诚敬之工夫的。

如前所述，罗山与朱子一样，也是有神论者。同时，在对待神明的态度上，罗山也与朱子一样，告诫人们要以崇敬待之。如前文所引，罗山说："神也者，既记于国史、载于延喜式，则其所由来久远，而有福于社稷，必不可诬之，则不可不敬，不可不崇。"[④]罗山还说："心为宅，神为主，敬亦为一心之主宰。故有敬则神来格，若无敬则亡本心，故为空宅，神何为来？止唯敬乎？敬所以合于神明也。"[⑤]在这两段话中，罗山分别明确了

① （宋）黎靖德编：《朱子语类》，第 34 页。
② （宋）黎靖德编：《朱子语类》，第 620 页。
③ （宋）黎靖德编：《朱子语类》，第 620 页。
④ ［日］京都史迹会编纂：《林罗山文集》，第 72 页。
⑤ ［日］京都史迹会编纂：《林罗山文集》，第 804 页。

之所以要敬神的原因和之所以要持敬的原因。

通过比对朱子与罗山的论述可以看出，尽管在要以诚敬的心态来对待神明一说上，朱子和罗山观点相同，但是在讲述为什么要这样做时，两者之间却存在着差异。在罗山处，持敬不仅仅是为了去感知其存在，更是为了去感谢。因为神“有福于社稷”，所以“不可不敬，不可不崇”。尽管这种讲述方式可能会被斥为功利性太强，但却似乎更为实在易懂。换言之，之所以说要敬奉神灵，是因为神有可敬之处。同时，罗山认为神的可敬之处不仅仅是神在过往曾“有福于社稷”，即使是在当今和今后，神亦能保佑苍生。罗山说：

> 神者无所不之也。故洋洋乎，无所不在。是以信则必感，格祭则必来，享社稷之丰赡，疾病赖之除退。呜呼！明德与梅花久馨，贞洁共松树长茂。宜乎人之崇奉，焉谁不敬之哉。①

在此，罗山在首先肯定了神的普遍性存在后，又讲述了感知神灵的方法，那就是要“信”，要“格祭”。罗山认为神不但在“享社稷之丰赡”，同时还在显其神通，使得“疾病”得以被“除退”。在将神有效地功能化之后，罗山进而通过比喻的方式，使抽象的神的品德呈现出相对鲜明的形象。在此，罗山以梅花和松树来喻其“明德”和“贞洁”。较之于朱子之论神，罗山处的神似乎形象更加鲜明，且功能强大。这也同时使得罗山的神道思想论基础更加清晰易懂。对于这样一个值得崇敬且能消病除灾的神，罗山自然信奉有加。在罗山的文集中就有《祭河越营神文》一文，记述了罗山为其子之健康拜神祈祷的经过。

在介绍罗山的祈祷之前，有必要先就罗山所拜之神加以简述。罗山所拜之神名曰“武州三芳野天神”。就其由来，罗山如是说：“夫惟武州三芳野天神者……当初虽为菅曹之儒首，后世推称桑域之灵神。”②可见以

---

① [日]京都史迹会编纂：《林罗山文集》，第469～470页。
② [日]京都史迹会编纂：《林罗山文集》，第469～470页。

儒圣为“桑域之灵神”这种神儒合一的做法并不是罗山所独有的，而是在当时的日本具有一定普遍性的做法。在明确了神之可敬和所拜祭之神的由来后，罗山详细记述了他的祈祷内容：

> 台驾到河越邑时，闻余之儿叔胜在洛婴疾，而余甚忧之，天性之爱所不可忍也。余性素虽拙，苟慕儒风，常尊神德，且叔胜年未至志学，聊弄笔砚，粗识文字，其远大未可测也。神既有儒名、有儒行，想其不舍之也。伏愿神使假年于此，而遂此所学，则神之赐也。谨旨庙前，中心密祷，庶几使叔胜永拜神之赐而益慕儒名，愈仰儒行以尊神德也。丹诚不尽，素愿在兹。[①]

继上文中罗山讲述了敬奉神灵是因为神灵有可敬之处，而且有其实际功能之后，罗山在此处讲述了人之所以会受到神灵的庇护，是因为人亦有可被庇护和能被庇护的原因。就其子林叔胜而言，这一原因就是他和神一样有儒根，可以“弄笔砚”“识文字”，而且年龄尚小。也就是说，罗山请求神能够基于爱才惜才这一点来保佑叔胜。同时作为回报，罗山向神灵作出了承诺：如若叔胜能够康复，罗山会使他“永拜神之赐而益慕儒名”“愈仰儒行以尊神德”。毋庸多言，这一段文字不仅将罗山心中那个人格特点鲜明的神勾画得栩栩如生，同时也将罗山调和神儒的思想特色展现得淋漓尽致。

那么，在罗山处的这样一个功能强大的神或者说神道，与儒道之间的关系如何呢？在阐述此问题之前，有必要对“神”和“神道”的概念加以界定。笔者认为，如果说神是个体的话，那么神道就应该是一个关于神的思想体系了。在与儒道并论时，此处专以神道的概念为准。在罗山看来，神道和儒道间不仅具有相通之处，同时更有其相同之处。罗山在回答“神道与儒道如何别之”[②]的问题时，说：“自我观之，理一而已矣，其为异耳？”[③]无

① ［日］京都史迹会编纂：《林罗山文集》，第470页。

② ［日］京都史迹会编纂：《林罗山文集》，第804页。

③ ［日］京都史迹会编纂：《林罗山文集》，第804页。

疑，这亦是罗山以朱子学理本论为基础给出的回答。罗山认为，正因为神道和儒道所本之理相同，所以二者在根本上是相同的。所以此两道之间在表象上的不同，便可理解为是“理一”基础上的“分殊”而已。连接两道的不仅仅限于“理”，两道之名称中所共有之“道”亦是二者的联通处。罗山说：“王道一变至于神道，神道一变至于道。道，吾所谓儒道也。”[①]由此可见，神道和儒道之间又可以“道”为纽带进行连接和转化。

很显然，在这里，罗山对儒道和神道之间的关系进行了调和。但是这种调和是需要进行论证的。既然说神道与儒道相通，那么儒道(尤其是朱子学)中的理与神道的关系便必须要解释清楚。就此，罗山说：“神道即理也，万事无外于理。”[②]可见，这里罗山是在朱子理本论的基础上给予解答的，因为“理外无物”，所以神道也在理中。又因为“神道”是神道思想的核心，是形而上的存在，罗山便将神道与理等同了起来，效仿“性即理也”的说法，道出了“神道即理也”一句，这一论述方式无疑是罗山调和神道与儒道关系的最好证明。

既然说“神道即理也”，那么神道就应该具有理所具有的各种特质。就此，罗山解释说：“神，天地之根，万物之体也。无神，天地灭，万物不生。有古今常之神道，故能为万物之始，又为万物之终。是神道奥义。”[③]在此，罗山将神道的特点通过对神的论述明确起来，仿效理本论中的论述，衍生出了他理学视野下的“神本论”的思想。这里所说的“神”与理相同，也是一个形而上的存在，是万物存在的依据。罗山还曾如是说：

> 国常立尊一曰：天御中主尊。古人口诀云：八百万神即一神，一神即八百万神。今按万物生自五行，五行即一阴阳也。阴阳即太极也，太极本是无极也。于是此尊之奥义可以见矣。何烦引盘古而当

---

① [日]京都史迹会编纂：《林罗山文集》，第 804 页。

② [日]平重道校注：《日本思想大系》第 39 卷《近世神道论・前期国学》，(东京)岩波书店 1982 年版，第 45 页。

③ [日]平重道校注：《日本思想大系》第 39 卷《近世神道论・前期国学》，第 44 页。

之哉？盘古之说不经而不足信。[①]

可见，在此罗山在进一步将神之名具体化后，依照“理一分殊”的思想，提出了神的一为多、多为一的存在特征。罗山又根据“理生万物”的思想，用“天御中主尊”代替了盘古，使之成为可以生化万物的根本。罗山更将“神”与“心”的关系论在心性论层面上展开，他说：“为善，则我心随神，故符合天道。为恶，则我心背神，故受罪。诸神与人心之神，本同理故也。”[②]在此，罗山进一步将神道论观点与人伦日用相连接，在神道论思想中为善善恶恶找到了依据。

此外，罗山如是归结神迹于心、于形、于政、于国处的彰显：“心清明，神之光也。形迹正，神之姿也。政形，神之德也。国治，神之力也。是天照大神以来相传，神武以来代代帝王一人统治之事也。”[③]这无疑也是罗山在其神道视野中对朱子学思想的全新阐释。可以用罗山自己的话来归结这一将神道与理相对等的做法，即：“理当心地神道！此神道即王道也。心外别无神、别无理。”[④]

综上所述，罗山的宗教观主要有以下几个特点：

首先，罗山对于佛教表现出来的反对态度是坚决的。他与朱子一样，也从佛教虚空一切和危害纲常伦理的角度切入，明确地剖析了佛教的本质特点。然而较之于朱子，罗山表现出来的态度似乎更加激昂和迫切。在日本，朱子学与佛教思想的这场较量，既是朱子学为打破佛教的重重阻隔，登上官学宝座而进行的一场攻坚战，也是朱子学为维护其官学地位而进行的一场保卫战。当然，这同时也是朱子学思想为日本统治阶级服务的一大象征。

其次，与对待佛教的态度相同，罗山对于耶稣教的反对态度也是坚

---

① [日]京都史迹会编纂：《林罗山文集》，第863页。

② [日]平重道校注：《日本思想大系》第39卷《近世神道论·前期国学》，第12页。

③ [日]平重道校注：《日本思想大系》第39卷《近世神道论·前期国学》，第19页。

④ [日]平重道校注：《日本思想大系》第39卷《近世神道论·前期国学》，第19页。

决的。罗山立于朱子学的立场上，与耶教徒之间的论战精彩且富有成果。但是，限于当时日本朱子学理论的发展阶段和罗山对于自然科学知识的掌握程度等原因，罗山在“排耶”的过程中也不无遗憾之处。

再次，与对待释、耶二教的态度不同，对于属于日本传统宗教的神道，罗山表现出来的是继承和融合。通过罗山的改造，日本的神道思想和朱子学思想形成了相互结合、互为补充的关系。罗山借用朱子学体系中概念清晰、地位明确的“理”来说神，遂赋予“神”的概念以思辨性；同时，通过当以感恩之心来对待神的论述，又使得敬的缘由更加易于理解，并较为简单地解决了人之所以要向善的问题。

罗山的宗教思想是朱子学和日本神道思想双重作用下的产物，在当时能够较好地解释一些现实问题，也可以较好地应和统治思想的需要，具有一定的进步意义。但是，在此必须指出的是，以理为终极价值根基、具有高度哲学性的朱子学思想毕竟与以神为中心构建起来的先验色彩浓厚的日本神道教之间存在较大的区别和差异，将二者合为一体时，无疑亦会产生诸多负面因素，这是文化融合过程中不可忽略的产物。罗山神儒合一论之弊端主要表现在它给予了日本神道这一日本固有的宗教神学以学理的论证，加深了神道本身的负面影响。众所周知，日本神道的非理性因素特别突出，甚至对之后的军国主义起到了诱发作用。当然，这是罗山所始料未及的。就整体而言，在当时的文化语境和时代背景下，罗山“理当心地神道”体系之确立还是有其积极意义的。其不仅为日本神道与理学的融合创造了可能，同时也为朱子学在日本的生存和发展提供了更为广阔的空间和更为畅通的环境，为朱子学思想的进一步传播做出了可贵的贡献。

# 余论

作为日本江户时期最有影响力的思想家之一，林罗山不仅和藤原惺窝一起将朱子学从禅学中解放出来，在日本赋予朱子学更加旺盛的生命力，更使朱子学登上并稳坐于官学的宝座。当然，罗山的贡献还在于他将朱子学思想与其他各家思想之精华融会贯通，再与日本当时的社会以及文化背景相结合，创造出了具有罗山特色的思想体系。罗山的这一思想体系，不仅在江户时代，即使是在整个日本思想史上都有着举足轻重的地位。同时，通过以罗山为首的众多朱子学家的努力，朱子学心性论中“存天理，灭人欲”等思想意识成为日本乃至东亚价值之核心，这无疑也是罗山思想的重要贡献之一。

在《林罗山年谱稿》的《序》中，铃木健一以“多”这一关键词来总结罗山。铃木说：“第一，在近世初期，没有人能够像罗山一样可以与数量如此众多的人进行诗歌的赠答。第二，罗山在诸如政治、思想、文学、语言学、宗教、掌故学等如此众多的领域中做出了如此为世人瞩目的贡献。

第三，罗山有着多(长)达七十五年的生涯。”[①]即便是在明历大火将罗山的许多名著付之一炬的情况下，罗山也依然有《文集》《诗集》各75卷和一批专著流传至今。从著述的数量和这些著述的内容中，不难看出罗山涉猎领域之广博。

广泛的涉猎、大量的著作以及历仕四代将军的经历都从各个不同的侧面提高了罗山思想的影响力。正因如此，江户以来对于罗山思想的研究就从未停止过。对于罗山思想的评价褒贬不一、纷纭各异，但无论如何，这些评价的产生和存在都证明了罗山思想的强大影响力。由于篇幅所限，本书仅从罗山思想与朱熹思想的异同方面入手进行了论述，各章节也皆在比较的基础上展开，重点讨论了罗山对朱子学理论的继承、发展和变容。然而，这不过是罗山思想的一小部分内容而已。如上所述，罗山的学术思想体系是个十分庞大且内涵极为丰富的体系。对于这一体系之特点，铃木健一总结得最为贴切，他用“综合性、实证性、启蒙性”这三个关键词来概括，说：“在罗山身上首次将综合性、实证性、启蒙性这些具有近世特征的思维模式之整体鲜明地展现了出来。”[②]

首先，就罗山思想的“综合性”而言，如本书第二章和第六章中所述，罗山在某个时期中，在其理气论观点中曾一度综合了朱子的理气二元论和阳明的一元论；在宗教观上，又将日本传统的神道与儒家思想进行了统合，提出了他独具特色的“理当心地神道”说，这些都是罗山思想综合性的展现。

其次，罗山在论证其观点时，常以实情实物为例来印证其理论的可信赖性。例如，在与耶教徒不干的论战中，罗山就曾以眼前之灯为例；在批判佛教危害人伦时，他亦举出大灯国师之例，等等。可以认为，罗山在解释朱子学理论以及阐述其个人观点时以实例为证的文风，是他思想中

---

① ［日］铃木健一：《林罗山年谱稿》，第1页。（笔者译）

② ［日］铃木健一：《林罗山年谱稿》，第1页。（笔者译）

实证性倾向的展现。另外，在讲述朱子学中较为复杂的理论时，罗山亦常常采取将之简单化、统一化的方式进行重新构建，时刻注重其可认知性和实践层面的可行性，这亦是罗山思想的一大特点。

再次，若将罗山思想置于整个日本思想史的视野之中进行考察的话，其启蒙意义便不待多言了。在朱子学登上日本官学的地位之前，佛教思想长期居于统治阶层思想的核心地位。但是，当佛教与民众以及当时的社会之间的矛盾达到不可调和的地步时，以惺窝和罗山为代表的朱子学思想迅速完成了独立、发展和壮大的过程，并进而承担起了维持统治、稳定社会的重任。此后，虽然阳明学派、古学派等众多儒家思想相继登场，但其影响一直不减，并最终为明治维新提供了思想素材。在整个过程当中，罗山的朱子学思想显现出的启蒙意义都不可小觑。就罗山思想的启蒙意义，铃木给出了较为具体的例证。元和六年(1620)七月二十一日，罗山应黑田长政之请完成了著名的《卮言抄》，并在其后作跋。就这一事件，铃木通过引述其他学者(川濑一马、渡边守邦、玉悬博之等)的观点这样注解道："(《卮言抄》)是摘录经史子传格言，并在其后加以注释的著作。这种对于启蒙性的追求和素质是罗山的根本特点之一。与此同时，这还可以被认为是近世初期这个时代的产物。"[①]也就是说，《卮言抄》是一本具有启蒙意义的著作，它不仅仅摘录了经典中的格言名句，还以较为通俗的语言加上了注释，这无疑对于当时的时代而言，对于以朱子学为中心的儒学的传播和普及而言具有启蒙意义。同时，这种启蒙性不仅仅是罗山个人素养的表现，更是罗山所生活的日本近世初期的时代特色。朱谦之先生在他的《日本的朱子学》一书中曾这样称赞罗山："罗山是一个日本文艺复兴期的大人物，他和惺窝反对佛学，是要提倡他们的新世界观运动。"[②]诚如朱先生所言，罗山思想的启蒙性就在于此。他

---

① [日]铃木健一:《林罗山年谱稿》，第60～61页。(笔者译)

② 朱谦之:《日本的朱子学》，第187页。

立足于朱子学理论，在广纳各家理论精华、融合日本传统文化的基础上，开创了日本思想史上的一个新纪元。

如上所述，因为罗山涉猎广泛，所以他的学术思想体系是一个极为庞大的系统。但是罗山对于各家学说的态度却是严谨的，绝不是单纯的揽入和不加思考的接纳。在前文中笔者已就罗山思想中的批判性进行过论述，在此稍作回顾。

首先，罗山在对阳明的理气一元论学说加以借鉴的同时，又在另一方面对其思想进行了无情的批判。罗山批判阳明时说："阳明出而后，皇明之学大乱矣，必又有可谓之君子者出焉而一之。"[①]罗山将阳明横空出世后的学界状况用一个"乱"字来概括。而且罗山认为这种乱的状况并不是世人所想看到的，对于这种混乱是需要所谓的君子出来平息的。由此不难看出罗山对于阳明思想的否定。

其次，罗山对陆九渊提出批判时说："陆氏之于朱子，如熏莸冰炭之相反，岂同器乎？同炉乎？"[②]罗山于此表明对朱子的崇敬之情的同时，更直言对于陆氏的不屑。罗山直指陆氏的顿悟说："若又论顿悟，则陆氏却当得。禅录古人所谓'人生识字忧患始'，又曰'祸始羲皇一画时'者，陆氏有之焉。是则禅家所谓不立文字之意乎？呜呼！何躐等也。何太早计也。不经阶梯而升高，不蹈蹶者几希？不乘舟筏而到岸，不沉溺者几希？是则理也，陆氏岂理哉。"[③]因为罗山与朱子一样主张格物致知，所以对于陆九渊的顿悟说自然不能支持。他形象地将这种不经过刻苦努力便想成功的思想比喻为不经过台阶就想到达高处，不乘船只就想到达彼岸，而其结果必然是要跌倒和沉溺的。

再次，罗山对老庄的观点提出了批评。罗山说："老子曰弃智，庄子

① [日]京都史迹会编纂：《林罗山文集》，第347页。

② [日]京都史迹会编纂：《林罗山文集》，第13页。

③ [日]京都史迹会编纂：《林罗山文集》，第13～14页。

曰黜聪明，陆氏若信之，则五千言三十三篇是非文字乎？”[1]罗山的批判一针见血，矛头直指老庄的经典之作的存在与他们学说之间的矛盾之处，即老庄一边说弃智、黜聪明，一边却又著书立说、遗教后人。

当然，为罗山所批判的对象远不止这些，佛教思想、耶教思想等均在其列。然而，与此同时，罗山的批判亦未停留在对于其他各家学说的批判上，即使是对于朱子学本身，罗山所采取的态度也不是完全的照抄照搬。下文中将归纳、概述罗山思想与朱子思想的主要不同之处。

在理气论方面，尽管罗山在理与气的概念以及理本论等方面继承了朱子的学说，但在理气之间关系的论述上，罗山却表现出了与朱子不尽相同的观点。同时，因为罗山在不同时期关于理气关系的表述不尽相同，甚至有相互矛盾之处，所以罗山研究者们的观点亦不尽相同。笔者通过分析认为，罗山的理气论观点既不完全是朱子的理气二元论，也不完全是阳明的理气一元论，而是一种具有罗山特色的二元论体系，是罗山经过漫长的思考过程和思想斗争后确立起来的、符合当时日本时代特点的思想体系。以 1620 年（罗山 38 岁）为界，确实可以看到罗山在理气论观点上的变化，但是笔者认为这种转变并不是一种飞跃性的突变，而仅仅是一种倾向性上的调整而已。

在心性论方面，尽管罗山在心、性的概念，五常与性的关系，性即理，性善说，心统性情等观点上基本与朱子学说保持了一致，但两者最大的相异之处表现在对“恶”之出处的理解上。罗山在深明朱子关于气质之性的论述的同时，却又在多处对恶的来源问题表现出了疑问和困惑。这不能不说是罗山心性论思想的费解之处，但同时也是最值得深思之处。

在工夫论方面，罗山在格物致知以及持敬涵养这两大工夫论上，以及在为学观、知先行后观、慎独等论述上都基本继承了朱子学的观点。在对于“格”字的解释上，他提出了“此心、此理豁然贯通谓之格”的观点，

---

① ［日］京都史迹会编纂：《林罗山文集》，第 14 页。

发展性地继承了朱子的解释。同时，为了适应日本的社会环境和风土，他在为学观方面提出了可以适当调和、折中朱子在读书方面太过苛刻的要求的看法。

在境界论方面，罗山在圣人气象、胸襟坦荡和生死观等方面的论述上都很好地继承了朱子思想。但是，罗山对于乐的境界的理解却有其更为深远的一面。罗山立于他独到的视角之上，以范仲淹"先天下之忧而忧，后天下之乐而乐"的责任感重新审视颜渊之乐，并提出了素朴的质疑。可以说罗山追求的乐是一种更加深沉的乐，这种乐的境界不仅仅是虽处逆境之中亦能泰然处之，虽居于陋巷、箪食瓢饮也能不移不屈的乐观心态，更是一种将家国天下之大事据为己任后的、发自于内心的不失忧患的乐，是一种置身于天人一体的宇宙中的大我之乐。这里罗山表现出来的是一种冷静的思维和谨慎的乐观，这种思虑虽不及曾子浴沂风雩时的洒脱，也不若茂叔吟风弄月般的倜傥，但却具有思想家所独具的犀利。

在宗教观方面，罗山与其他朱子学者一样在排佛老和排耶稣的历程中付出了诸多艰辛的努力。然而，罗山对于宗教的态度并不是一味的排斥。例如，他对于神道就采用了统一论的手法，积极将之与儒学思想进行整合，大力推行他的神儒合一论观点。

综上，不难看出，罗山对包括朱子学在内的各家学说均采取了审慎对待、取其精华、融会贯通的批判性继承的态度，并借此形成了具有罗山特色的思想体系。应该说，罗山的这一思想体系是朱子学进入日本文化语境后的新生面的开显，为朱子学在日本的本土化和日本哲学思想的儒学化做出了巨大的贡献。就罗山思想中展现出的批判性继承这一特点，究其原因，笔者认为主要可归结为以下几点。

首先，这与罗山的身份和所处的地位有关。罗山历仕幕府四代将军，地位显赫。这一特殊身份不仅为罗山提供了良好的学术研究资源，更使罗山具有了较强的学术自信心，这让他可以更为从容地面对各家文化，能够在仔细研习的基础上加以甄别和有选择的继承。与此同时，罗山的学术自尊心也无时不在催促他要进行理论上的创新，创造出更加合乎日本风土的、具有罗山特色的思想体系。在罗山的思想体系中，有很多貌似融合了朱子与其他学派的思想，但是究其实质，这些思想本身与各家学说都不尽相同，可以说这便是罗山进行选择性和批判性继承的结果。这种继承同时也正是一种发展，是罗山朱子学思想体系的最大亮点之所在。

其次，正如理学家所谓的理不离气那样，在实践层面上亦没有独立于文化背景之外而可以孤立存在的理论体系。日本作为岛国的地理特点和大和民族相对单一的文化背景，使得罗山的理论倾向也走向了简单化、归纳化和统一化。因此，作为日本思想家的罗山对朱子学缜密而细致的理论体系进行简单化表述和解释的思维倾向是完全可以理解的。同时，这种统一化的思维样式也是符合日本风土的。尽管朱子学理论在罗山的思想框架下不无变容之处，但是这一变容却恰恰使得朱子学思想在日本的文化语境下更加具有了合理性。罗山对于朱子学理论的改革与日本近世文化中所固有的、相对较强的包容性相结合，使得罗山式的朱子学在当时的日本获得了更为广阔的生存和发展空间。

再次，罗山所处的时代是日本社会刚刚从战乱中走出的时代，在社会资本和思想空间上都没有太多的余裕让人们将哲思引向深入。为了能够让具有较强思辨性和相对缜密的论述系统的儒家思想更好更快地为当时的幕府统治服务，将理论体系简化、让教义愈发鲜明易懂就成为了当时的统治阶级和罗山所处时代的共同要求。此外，在受体层面上说，当时的日本民众似乎也急需找回在战乱中迷失旷久的人生观、价值观和社会主流思想意识。这又从另外一个角度上对罗山思想提出了要求。在理论构架合理，同时不失说服力的基础上，简单明了地解释诸如"恶"等人伦层面、社会层面上的具体思想问题便很自然地成了罗山思想不可规避的历史使命。由此看来，罗山博采众长且简明易懂的思想特色之成因便不难理解了。

最后，罗山(1583～1657)生于朱子(1130～1200)殁后近400年的日本，在此期间，包括朱子学在内的儒学以及其他各家思想在中国本土甚或是在整个东亚地区都得到了很大的发展。罗山不仅可以研读朱子的著述，直观地了解朱子学，更能够直接接触到其他学者们关于朱子学的诸多研究成果。如前文所引，罗山就曾对朝鲜儒学泰斗、退溪学派创始人李退溪的论断作出过评价。从众多朱子学研究者的研究中汲取到的精华，也为罗山对朱子学的发展性继承提供了可能。

然而，与所有思想家一样，出于种种原因，罗山思想中也存在不可避免的局限性。

首先，罗山生活的时代还是一个生产力发展水平相对较低，自然科学技术不甚发达的时代。例如，罗山在与耶教徒不干的对谈中，就曾以地方说来驳斥不干所持的地圆说。而考证这次辩论的时间可知，这次辩论是在1606年[①]进行的，是葡萄牙人麦哲伦的船队首次完成环球航行(1519～1522)80多年之后的事情了。囿于所掌握的自然科学知识的不足，罗山思想中的局限性也便不难理解了。

其次，罗山思想的局限性与日本所处的地理环境不无关系。日本作为一个岛国，在航海技术尚不十分发达的年代，与外界的交流自然会受到诸多的限制。交通条件的限制自然也会阻碍文化和科学技术成果的交流，这对于罗山思想无疑也会产生较大的影响。

再次，如前文所述，罗山历仕四代将军，官位显赫。这种特殊的身份在给罗山的学术研究提供了诸多便利条件的同时，也束缚了罗山思想的自由度。例如，因不愿剃发为僧，罗山早年遁出佛门。但是，在47岁时，他却接受了当时的将军德川家光的任命，成为民部卿法印，并在不久后依照惯例剃发、着僧衣。无疑，剃发为僧一事与罗山坚定的排佛论立场

① [日]铃木健一:《林罗山年谱稿》,第23页。

是相冲突的。由此不难看出罗山作为儒官之无奈。有人批判罗山的这种作为是对朱子学思想的叛离,但是笔者认为这或许是罗山的一种积极处世的智慧,是一种因时而动的思想的体现。然而,无论如何,一个无发、着僧衣之人站在朱子学立场上大谈排佛之事,都会使人深感怪异。

最后,罗山在使朱子学思想本土化的进程中,适时采用了将朱子学与日本传统的神道教思想相结合的方式。这一方式的采用无疑对朱子学的迅速传播和发展起到了积极的作用(当然,朱子学中本身就具有的泛神论观点也在一个侧面帮助了罗山的这种改造)。然而,如前文所述,罗山称赞日本为神国的行为,在彰显罗山的民族自豪感的同时,也极易使罗山思想染上狭隘的民族主义的色彩。无疑,这是与朱子学中宏大的天人视野相矛盾的。同时,如前文所述,罗山的神儒合一论也存在着无法回避的弊端。此弊端主要表现在它给予了日本神道这一日本固有的宗教神学以学理的论证,加深了神道本身的负面影响。众所周知,日本神道的非理性因素尤为突出,甚至对之后的军国主义起到了诱发作用。当然,这也许是罗山所始料未及的。

作为日本朱子学家中最著名的代表人物之一,林罗山在漫漫历史长卷中占有举足轻重的地位。他对于朱子理论的继承和发展,使得朱子学在日本开显出了崭新的一面。罗山的思想体系是一个集多元为一身,同时独具罗山特色的体系,是一个内涵丰富、论理相对严谨的体系。罗山思想在整个日本思想史中的地位不容忽视,罗山思想的综合性和启蒙性开启了朱子学乃至整个儒学在日本发展的新篇章。

# 参考文献

## 一、日文文献

[1] [日]京都史迹会编纂:《林罗山文集》,鹈鹕(ぺりかん)社 1979 年版。

[2] [日]京都史迹会编纂:《林罗山诗集》,鹈鹕(ぺりかん)社 1979 年版。

[3] [日]林罗山:《神道传授》,平重道编:《日本思想大系》第 39 卷《近世神道论·前期国学》,(东京)岩波书店 1982 年版。

[4] [日]宇野茂彦:《林罗山·(附)林鹅峰》,(东京)明德出版社 1992 年版。

[5] [日]堀勇雄:《林罗山》(人物丛书新装版),(东京)吉川弘文馆 1990 年版。

[6] [日]铃木健一:《林罗山年谱稿》,(东京)鹈鹕(ぺりかん)社 1999 年版。

[7] [日]石田一良等校注:《日本思想大系》第 28 卷《藤原惺窝·林罗山》,(东京)岩波书店 1975 年版。

[8] [日]中江藤树:《林氏剃发受位辨》,山井涌编:《日本思想大系》

第 29 卷《中江藤树》,(东京)岩波书店 1974 年版。

[9] [日]国民精神文化研究所编:《藤原惺窝集》,(京都)思文阁 1941 年版。

[10] [日]小野祖教:《神道思想名著集成》(下),(东京)国学院大学日本文化研究所第三研究室 1972 年版。

[11] [日]原念斋:《先哲丛谈》,(东京)有朋堂书店 1928 年版。

[12] [日]源了圆:《近世初期实学思想の研究》,(东京)创文社 1980 年版。

[13] [日]辻善之助:《日本佛教史研究》第 4 卷,(东京)岩波书店 1984 年版。

[14] [日]丸山真男:《日本政治思想史研究》,(东京)东京大学出版会 1952 年版。

[15] [日]村冈典嗣:《神道史》,(东京)创文社 1982 年版。

[16] [日]井上哲次郎:《日本朱子学派之朱子学》,(东京)富山房 1905 年版。

[17] [日]相良亨:《近世日本的儒教运动系谱》,(东京)弘文堂 1955 年版。

[18] [日]今中宽司:《国民生活史研究》第 3 卷《林罗山的教学思想》,(东京)吉川弘文馆 1958 年版。

[19] [日]严锡仁:《林羅山の理気論》,《伦理学》1983 年第 1 期。

[20] [日]玉悬博之:《中江藤树之“中期”思想》,《文化》1972 年第 4 期。

## 二、中文文献

[1] (宋)朱熹:《朱子全书》,上海古籍出版社、安徽教育出版社 2002 年版。

[2] (宋)朱熹:《朱子语类》,中华书局 1986 年版。

[3](宋)周敦颐:《周敦颐集》,岳麓书社 2002 年版。

[4](宋)程颢、程颐:《二程集》,中华书局 2004 年版。

[5](明)王守仁:《王阳明全集》,上海古籍出版社 1992 年版。

[6](清)王先谦:《荀子集解》,中华书局 1988 年版。

[7]钱穆:《朱子学提纲》,三联书店 2002 年版。

[8]牟宗三:《从陆象山到刘蕺山》,上海古籍出版社 2001 年版。

[9]牟宗三:《中国哲学的特质》,上海古籍出版社 1997 年版。

[10]牟宗三:《中国哲学十九讲》,上海古籍出版社 1997 年版。

[11]冯友兰:《中国哲学简史》,北京大学出版社 1996 年版。

[12]冯友兰:《中国哲学史新编》,人民出版社 1998 年版。

[13]朱谦之:《日本的朱子学》,人民出版社 2000 年版。

[14]朱谦之:《日本哲学史》,人民出版社 2002 年版。

[15]朱谦之:《日本的古学及阳明学》,人民出版社 2000 年版。

[16]陈来:《宋明理学》,华东师范大学出版社 2003 年版。

[17]龚颖:《"似而非"的日本朱子学》,学苑出版社 2008 年版。

[18]赵刚:《林罗山与日本的儒学》,世界知识出版社 2006 年版。

[19]刘宗贤、蔡德贵:《当代东方儒学》,人民出版社 2003 年版。

[20]张立文:《心》,中国人民大学出版社 1993 年版。

[21]岑贤安:《性》,中国人民大学出版社 1996 年版。

[22]郭连友:《近世中日思想交流论集》,世界知识出版社 2003 年版。

[23]李威周:《论林罗山的思想》,中国日本史学会编:《日本历史风云人物评传》,天津人民出版社 1988 年版。

[24]龚颖:《林罗山对朱熹学说的接受与改造》,黄俊杰编:《中华文化与域外文化的互动与融合(一)》,(台湾)喜玛拉雅研究发展基金会 2006 年版。

[25]龚颖:《林罗山和朱熹的排佛论比较》,《哲学研究》2009 年第

9 期。

[26]王金林:《程朱理学传入日本与林罗山的儒家神道观》,《日本研究》2008 年第 1 期。

[27]张君劢、唐君毅、牟宗三、徐复观:《中国文化与世界——我们对中国学术研究及中国文化与世界文化前途之共同认识》,《民主评论》,1958 年。

[28]陈来:《林罗山理学思想研究》,《哲学门》2002 年第 2 期。

[29]王明兵:《江户初期禅僧对"朱子学"的皈依与"脱佛入儒"》,《东北师大学报》2008 年第 1 期。

[30]王明兵:《林罗山对"朱子学"理论的批判性发挥》,《求是学刊》2009 年第 1 期。

[31]韩东育:《日本"京学派"神道叙事中的朱子学》,《求是学刊》2006 年第 4 期。

[32]韩东育:《"道统"的自立愿望与朱子学在日本的际遇》,《中国社会科学》2006 年第 3 期。

[33]蒙培元:《从心性论看朱熹哲学的历史地位》,《福建论坛》(人文社会科学版)1990 年第 6 期。

[34]郭启勇:《孔孟儒学的人格境界论》,《华中师范大学学报》(人文社会科学版)2000 年第 6 期。

[35]朱汉民:《朱熹〈四书〉学与儒家工夫论》,《北京大学学报》(哲学社会科学版)2005 年第 1 期。

[36]杜保瑞:《从朱熹鬼神观谈三教辨正问题的儒学理论建构》,《东吴哲学学报》1993 年第 8 期。

[37]杨小明:《朱熹理学本体论的科学内涵和意义发微》,《华侨大学学报》(哲学社会科学版)2000 年第 3 期。

[38]胡勇:《林罗山的易学观》,《周易研究》2009 年第 1 期。

**图书在版编目(CIP)数据**

朱子学新生面的开显:林罗山理学思想研究/胡勇著.
—济南:山东大学出版社,2016.2
ISBN 978-7-5607-5504-5

Ⅰ.①朱… Ⅱ.①胡… Ⅲ.①林罗山(1583～1657)
—理学—思想评论 Ⅳ.①B313.3

中国版本图书馆 CIP 数据核字(2016)第 039476 号

责任编辑　王立强　张申华
封面设计　张　荔

出版发行:山东大学出版社
社　址　山东省济南市山大南路 20 号
邮　编　250100
电　话　市场部(0531)88364466
经　销:山东省新华书店
印　刷:济南华林彩印有限公司
规　格:720 毫米×1000 毫米　1/16
12 印张　154 千字
版　次:2016 年 2 月第 1 版
印　次:2016 年 2 月第 1 次印刷
定　价:29.00 元